A TROMBETA
DO ANJO VINGADOR

DALTON TREVISAN

A TROMBETA
DO ANJO VINGADOR

5ª EDIÇÃO REVISTA

EDITORA RECORD
RIO DE JANEIRO • SÃO PAULO

2022

CIP-BRASIL. CATALOGAÇÃO NA PUBLICAÇÃO
SINDICATO NACIONAL DOS EDITORES DE LIVROS, RJ

T739t
5ª. ed.

Trevisan, Dalton
A trombeta do anjo vingador / Dalton Trevisan. – 5. ed. rev. – Rio de Janeiro: Record, 2022.

ISBN 978-85-01-01834-2

1. Crônicas brasileiras. I. Título

81-0447

CDD: 869.93
CDU: 869.0(81)-94

Copyright © 1981 by Dalton Trevisan

Direitos exclusivos desta edição reservados pela
EDITORA RECORD LTDA.
Rua Argentina, 171 – Rio de Janeiro, RJ – 20921-380 – Tel.: (21) 2585-2000.

Impresso no Brasil

ISBN 978-85-01-01834-2

Seja um leitor preferencial Record.
Cadastre-se em www.record.com.br
e receba informações sobre nossos
lançamentos e nossas promoções.

Atendimento e venda direta ao leitor:
sac@record.com.br.

Sumário

Mister Curitiba   7

O Caçador Furtivo   17

As Sete Pragas da Noiva   23

Meu Pai, Meu Pai   31

O Repasto Frugal   41

Durma, Gordo   45

Questão de Herança   57

Canção do Amor de Maria   65

A Pinta Preta da Paixão   81

O Colibri Furioso   85

A Longa Noite de Natal   93

A Trombeta do Anjo Vingador   99

O Despertar do Boêmio   105

Galinha Pinicando na Cabeça   117

O Sentimento   123

Seu João É um Velho Sujo   127

A Pombinha e o Dragão Vermelho   135

Dores e Gritos   141

Paixão e Agonia da Cigarra   149

Mister Curitiba

— Sente aqui, meu bem.

A menina ainda agarrada à bolsa do Curso Camões.

— Que bom você veio.

Ruborizada, aceitou o copo. Antes que ele botasse o gelo, bebeu dois goles.

Tantos minutos de espera, descrevendo as suas maravilhas: um dentinho torto, olho gaio, cabelo curto. Ó delícia: cicatriz de vacina no braço esquerdo. Só então pegou-lhe na mão — uma quente, uma fria.

— Venha ver.

No quarto abraçou-a de pé:

— Tão lindinha. Não sei o que... Ai, mãezinha, você aqui. Que rostinho mais... Como estou tremendo. Veja só.

A voz do outro, rouca e baixa. Ela, muito assustada, grande olho. Impossível não se repetir:

— Que felicidade. Você aqui. Esse olhinho quer me engolir. Vermelho que te quero. Ai, ai, aqui nos meus braços.

Já perdida no primeiro beijo.

— Morda a minha língua.

De repente, o bofetão na orelha, que a derrubou na cama — pode ser com força, não deixa marca.

— Ai, que é isso?

Era tarde: ligeiro a cavalgava, dominando os frágeis punhos. Na maior doçura alisou o rostinho em fogo:

— Quem é que imagina...

Olhava-o com medo de outro tabefe. Mãos trôpegas sobre a blusinha xadrez. Gania, sempre baixinho:

— Ai, ai. Não posso. Não tenho coragem.

Sacudido de tremores:

— Ai, Senhor, não mereço.

Descobriu o umbiguinho. Tapou-o mais que depressa.

— Não pode ser.

Fungava e pastava no pescoço de cisne branco.

— Você acaba comigo. Vou ter um ataque.

Enterrando as patinhas, mosca se afogando na compoteira de ambrosia:

— Não. Você me mata. Não faça isso.

Com um grito a empurrou, furioso à volta da cama. Ela interdita, sem se mexer, a blusa meio erguida. Nem piscava o verde olho arregalado. Ele sentou-se na poltrona, imagem do desconsolo, mãos na cabeça. Bebeu alguns goles, perdido em meditação: Será que não exagero? Rompo em dó de peito, não sustento a nota. Ficando doido? Nem sei quando represento. Olhe a menina, coitadinha. Igual a qualquer outra, dois braços, duas pernas.

Enfim pendurou o paletó na cadeira. Chegou-se furtivo, ela o vigiava pelo canto do olho. Outra vez montado na egüinha mansa. Repuxou a blusa, ela ergueu os braços. Foi aquela gritaria:

— Não é verdade. Nunca vi... Seinho tão lindo.

Entre um e outro, não sabia qual:

— Se aperto, sai leitinho? Aqui eu mato a sede. Ó broinha de fubá mimoso.

Em surdina, melhor não entendesse direito. Respirou fundo. Saltou da cama. Bebeu uns goles. Acendeu cigarrinho:

— Se não me acalmo. Você me mata.

Mão gaguejante no peito:

— Disparou, o relógio... Nunca me aconteceu.

Bem quieta, os seios empinados: bonitinha, sim, mais nada. Qual a razão do escândalo?

Prova de sua bravura, duas rodelas molhadas na camisa, que estendeu sobre o paletó.

— Oh, não, piedade! Carne tão branquinha ninguém não viu.

Mordiscava a penugem douradinha da nuca:

— Ai, quem é que diz? Tua mãe sabe, sua cadelinha? Que você tem esse corpo?

De assombro o olho agora azul. Berro de fúria:

— Eu vou contar para tua mãe!

Tanto entusiasmo, livrou-se da calça. Monstro de mil máscaras, desta vez quem seria? O confessor na cela da freirinha de sete saias, a madre escutando atrás da porta? Um estropiado de guerra, a enfermeira suspensa no pescoço, aos giros vertiginosos da cadeira de rodas? O noivo, de pé no corredor, rasga em tiras a calcinha, os pais da menina assistem a novela na sala? Quem sabe o velho leão fugitivo do circo... Ela a domadora de botinha preta e chicotinho?

Zumbia no ouvido um chorrilho de meigos palavrões. Ajudado por ela, puxou-lhe a calça comprida e as meias que combinavam com a blusa. Inclinou-se para beijar o pezinho... E nunca chegou lá. Você procura uma palavra no dicionário, distrai-se com outra e mais outra, já não lembra da primeira.

Com todo o peso sentou-se nela, que gemeu:

— Não... não. Isso não.

Beijando e batendo, para cá e para lá:

— Quer apanhar, sua cadelinha?

— Ai, ai.

— Que ai, ai. Que nada.

Sacudiu-a pelo cabelinho:

— Sua puta. Me deixa louco.

Virou-a de costas, aos pinotes, com palmadas nas rijas doçuras.

Outra vez pendurado aos biquinhos rosados, girando-os de olho perdido:

— Qual o segredo do cofre? Me conte, anjo. A combinação qual é? Ah, me conte. Bem no ouvido.

Na pontinha da unha a estação de rádio clandestina, sem aviso, sai do ar. Nervosa, quase em pânico, como responder? Mais apavorada que excitada. Só de susto ela obedecia. Mas ele não achou bom.

— Assim que eu gosto. Ai, ai. Eu quero...

O chorinho de criança na roda de enjeitado:

— Mais, anjo. Mais, anjo.

Meio decepcionado, um tantinho enjoado. Dele pedir. Dela negacear — só que não sabia, a pobre.

— Não é beijo. Enfie a língua. Assim. E irradiando a viagem entre as nuvens, que ouvisse lá embaixo.

— Ai, como é apertadinha. Me rasgou todo, sua desgracida. Estou em carne viva. Todo esfolado. Me esvaindo em sangue. Ai, que eu morro.

Dardejando a língua no céu da boca:

— Ai, boquinha de menina de dez anos. Nunca vi outra igual.

(Só com uma não deu certo — a santíssima esposa:

— O quê? Menina de dez anos? Que menina é essa?

Testa franzida de censura:

— Como é que sabe?

— Não é isso, querida. Você não entende.

Já sentada para discutir:

— Se não conhece...

Cala-te, boca.

— ...como é que sabe?)

A menina, essa, bem que gostava.

— Apertadinha. Ai, me esmagando...

Ergueu metade do corpo:

— Veja, veja. Como é quentinho. Barbaridade... É só minha.

Mais dois tapas:

— Se você me trair, ouviu? Eu te mato. Me dá essa boca de dez aninhos.

Suspensa no ombro e calcanhar, quase desferia vôo. Tão grande animação, ele esquecera de apanhar no paletó o bastão contra resfriado, o comprimido efervescente, o pozinho mágico.

— Você quer, sua putinha?

— Quero.

— O que você quer?

Acudia depressa, sem saber o quê.

— Quer tudo?

Ordenou que de joelho, rastejando, lhe tirasse a botinha.

— Agora a outra. Bem devagar. Assim. Agora a meia.

Era só exibição? Cada vez mais possesso, arrebatou-a pelas orelhas. Bateu com força, indiferente aos gemidos — não eram de gozo? Até confundiu as palavras:

— Enterre o... na minha...

Nesse instante o telefone tocou. Ele pensa: É a minha mulher. Ela descobriu. Ouviu tudo, a corruíra nanica.

Os dois em suspenso, sem piar nem bulir. Pelo toque irritado é ela. Como é que soube? Mal parava e tocava de novo. Se insiste, porque é sério. Meu pai morreu? Minha mãe atrope... Não, minha mãe não. Uma das filhas — oh, não, meu Deus — caiu da macieira?

Reparou na menininha, o que viu? Olho branco, espumando, mordia a fronha do travesseiro. Daí a araponga louca não parou mais:

— Viu como é boa? O telefone toca, toca. E eu não ligo. Veja só. Que maravilha. Veja, veja.

— Meu bem, você está chorando!

Não é que, de verdade, uma e outra lágrima lhe salgava o beijo?

— Por você, sua cadelinha. E você? Nem está gostando.

Ainda quentes pingavam na cara sofrida da menina.

— Eu não...? Você não vê? Você é um Hércules.

— Ah, é? Agora eu rasgo teu umbigo.

Não havia meio de rasgar.

— Você é o Mister Curitiba!

Graças a Deus, afinal gozou. Já estava fraco. De pilequinho. E tinha de chegar cedo em casa. Se a filha caiu da macieira?

Ai, o vampiro não havia perdido o canino. Que se enterrou mais fundo na nuca. Oh, não, Senhor. Começar tudo de novo? Só porque o chamou de Mister Curitiba?

— Sua grande...

Pronto, a arara bêbada entrou na linha cruzada.

O Caçador Furtivo

Molhou o pente para assentar o remoinho. Erro trágico, o uniforme desbotado do colégio... Trocasse de roupa, a mãe desconfiaria. Saiu de fino.

Na esquina, dedos na boca, o assobio estridente. Surgiram da sombra os dois amigos. Naquela noite a gloriosa aventura. Já chorava a perdida inocência em que se reuniam para fumar escondidos. Apostar quem cuspia mais longe. Quem atirava um beijo para a criadinha do general.

O Gordo, também de uniforme, esfregava as mãos suadas; tão nervoso espremeu uma espinha no carão balofo. André de blusão aberto exibia o suspensório de vidro, fabuloso troféu de guerra.

— Está na hora, turma.

Oito da noite, subiram no ônibus. Apesar dos bancos vazios, ficaram de pé. Ouviam as últimas instruções do empresário:

— Nada de bagunça.

Um não olhava para o outro. Aos quinze anos, André era um profissional:

— Cuidado, gente. Dá cadeia.

Desceram na praça, insinuaram-se à sombra das árvores. Laurinho sabia que, ao menor descuido, o Gordo desertava o campo de batalha. Ah, se não admirasse tanto o grande Tim McCoy. Sairiam os dois correndo às gargalhadas...

Era tarde: ao pé da estátua do mártir, o Osvaldinho, mulato, lábio roxo, pulôver amarelo. A famosa Baronesa, cabeleira ruiva, dente de ouro. E, sentadinho na ponta do banco, o velhinho de André. Mais de trinta anos, peninha no chapéu, óculo triste de tio da gente.

Não houve apresentação. Um grupo seguiu na frente. Outro logo atrás. André dividia os pares:

— A peninha no chapéu é do Gordo.

O caixeiro da firma com o anúncio luminoso no antigo casarão.

— Esse eu não quero.

— Não pode escolher.

Do Gordo a cara medrosa, olhinho marejando.

— Está bem. Você fica com a Baronesa.

O velhinho sacou uma bruta chave. Abriu a porta. Todos entraram. Ninguém acendeu a luz. Na penumbra piscava o anúncio através da bandeira.

Joelho trêmulo, Laurinho apertou no bolso a carteira de papelão com figurinhas de bala Zequinha. Aos poucos distinguiu os colchões enfileirados no chão.

De repente Osvaldinho floresceu numa árvore pululante de mãos.

Os três campeões de pé. Pequenos, mas de pé.

Nenhum tirou a roupa. Muito digno, o velho pendurou no cabide o paletó depois o chapéu. Os piás abriram não mais que dois botões.

Mestre-de-cerimônia, André indicou os pares da silenciosa quadrilha. A cada um o seu colchão.

André e o velho da peninha no chapéu. O Gordo e a Baronesa. Ele e o Osvaldinho.

Os piás bem quietos. Olho no chão, a trinca de corruíras chilrando e pipilando o tempo todo. Ofendido, André ralhava:

— Mais atenção, doutor.

Pressa ou enleio, Laurinho não achou muito bom. Ali na nuca do parceiro a leve morrinha de baralho seboso. Pronto, o raspe da mãe, contando os pontos na agulha:

— Menino, já lavar a cabeça. Pensa que é ninho de passarinho?

Quis perguntar se estava gostando, melhor ficasse mudo. Graças a Deus, o outro não pediu beijo na boca. Tudo encenação do André para assustar o Gordo. Mais que ligeiro, um, dois, já se abotoou. Depois vergonha, culpa, remorso do crime sem perdão. Entrando na sala, debaixo do São Jorge com o dragão, assim que a mãe erguesse os olhos do crochê... Pela carinha vermelha saberia tudo.

Os vultos se recompunham na sombra. Bem careca, o velhote ajeitou a peninha no chapéu. Casado e, segundo o André, pai de filhos.

— Pronto, minha gente?

Saíram na frente, sem se despedir. O velho fechava a porta com a enorme chave — a bruxa na casinha de chocolate de João e Maria.

Os três, para disfarçar, rindo muito, chutando pedra. André contava como bebia o conhaque do velho e surrupiava a cigarreira folheada a ouro. Laurinho de olho baixo, não ser surpreendido pela madrinha de volta da novena.

No barzinho do chinês, André ordenou pastéis. Cada um comeu dois, um de carne, outro de palmito.

Grande sorriso, André ostentou a carteira elegante de couro. E repartiu o dinheiro com os dois heróis.

Se aprendesse a lição, Laurinho podia assistir nos domingos ao famoso seriado Índios do Oeste, com Tim McCoy, em doze episódios.

As Sete Pragas da Noiva

— O avião em pane desceu na estrada. Chocou-se contra o carrinho azul. Quem vinha bem devagar?

— Pobre moço. Atropelado por um avião!

— Maldita praga da noiva.

*

— A vaca malhada rolou do barranco. Em cima de quem ela caiu?

— Não me diga. O carro novo do João!

— Outra praga da noiva.

*

— Dormiu o gordo na curva. Contra quem bateu o caminhão?

— De novo? Esse João precisa se benzer.

— Ainda a praga da noiva.

*

Abandonada de véu e grinalda na igreja, de braço com o pai, as mulheres de espaventosos chapéus.

Para o túmulo o pai levou o segredo — o único a quem o João contou.

*

A praga mais forte alcançou a primeira filha.

— Atrás da vidraça, a corcundinha.

— Com inveja da brincadeira dos irmãos.

— Ah, ela não pode correr? Justiça do pai, os irmãos também não.

— Pobre João, pobre filha.

*

— Não adiantou o enxerto do osso? Doado pelo pai.

— Na mesma, a coitada. E o João ficou mancando.

— Depois de tantos anos, a velha praga da noiva.

*

— Soube do João? Espirrou pela porta do carro. Vinte dias em coma. Três fraturas do crânio, da costela, da bacia.

— Desmemoriado no hospital. Chamando a ex-noiva...

— Ela ainda se vangloriou: *Bem feito.*

*

André foi visitá-lo.

— Cansado de tanta pergunta. Se fiz xixi. Se obrei direitinho.

O amigo tossiu abafado na mão:

— Se é assim eu já vou.

— Não me deixe só com essa bruxa.

*

De grande barba grisalha. Irritado com as humilhações da doença: a medonha comadre, o infame papagaio. Xingando a ridícula marreca, gotas de café no pijama de pelúcia.

— Nunca voltará a ser o que era — comentou o médico.

*

— Sabia, João? Bela ninhada do galo Tomé.
— Como assim? Que dia é hoje?
André tossicou nervoso:
— Sexta.
— Se eu estive com você na quarta, que ninhada é essa?
Deslembrado dos dias de coma. O amigo todo confuso:
— Foram várias galinhas.

*

— Há três dias com soluço.
— Pobre João.
— Rebentou os pontos da operação.
— A noiva casou, mãe de cinco filhos. E a praga continua.

*

O irmão Carlito:

— Ele insiste? Deixe que levante. Só para ver a dor.

*

A dona contava ao amigo o acidente. Logo interrompida:

— Tudo mentira. Você estava lá para saber?

— Veja, André. Como é teimoso. Levantar, sem ordem do médico.

— Eu podia? Se o Carlito não trouxe a muleta.

No corredor ela explicou:

— Nada de muleta. Com uma cadeira, que empurrou até o banheiro.

E sozinho fez a barba.

*

— Esse médico é idiota. Pediu uma radiografia. Está em cima do guarda-roupa. Ele vem aqui todo dia. Nem olha e quer outra.

— Mas não é, João. Toda vez que vem, ele olha.

— Ó tipinha fingida.

*

A dona trouxe um pratinho:

— Olhe a maçã, João.

— Diabo de mulher — e indicou a fruta. — Os pedaços, eu não disse? Têm de ser iguaizinhos.

Afastou o prato:

— Veja, André. São do mesmo tamanho?

A dona, mansa e doce:

— Descasco outra.

— Coma você.

Tão santa, nem protestou.

*

De gênio fagueiro, agora o maior reinador. A dona se descuidou na cozinha. Ele vestiu-se e foi-se agarrando pelos móveis e paredes. Devia apostar no galo Tomé — onde um táxi? Perseguido pela corcundinha:

— Não vá, pai.

Chorando na esquina atrás dele.

— Paizinho, não vá.

Até que se comoveu:

— Se é para dar escândalo, então não vou.

*

— Tem fósforo, João?

— Não tenho.

— Está ali a caixa. Perto da tua mão.

Um por um foi riscando e soprando.

— Eu não disse? Que não tenho?

*

Enjoado, nada lhe apetecia.

Sempre aos pés da cama, a santinha. Seduziu-o com ameixa preta no sagu.

— Viu, minha velha? Comi todas as cinco.

Pálido de susto, separou os caroços no prato:

— Engoli um.

Já se voltando contra ela, engasgado de fúria:

— Culpada é você. Me tentou. Quer me afogar, sua bruxa?

Em agonia, pedindo água, tapa nas costas, colher de azeite. E tossia, o maldito caroço entalado na garganta.

Por mais que ela apontasse o olhinho negro espiando no bolso do pijama.

*

— Não é hora do remédio, João?

— Meu relógio parou.

Só para não dizer a hora, nunca mais lhe deu corda.

*

Na porta o doutor preveniu:

— Todo cuidado é pouco, dona Maria. Se ele tiver um sonho ruim, morre no sonho. Se tomar um cafezinho, morre. Se espirrar, morre no fim do espirro.

Era a sétima praga da noiva.

Meu Pai, Meu Pai

Ao mudarem-se para a cidade, o deslumbramento do anúncio luminoso no posto de gasolina. Em vez da broa caseira e a rosquinha de fubá, o pão branco de água e o sonho de creme polvilhado no açúcar. Na casa de madeira, cada vez que chovia, a mãe e o menino correndo com latas para não manchar o linóleo novo. O pior era o barro vermelho da rua.

O menino adorava o pai. Bigodinho, cabelo repartido no meio, negro de brilhantina. Suspensório de vidro, o fino da moda. Longo dedo branquíssimo, cuidado na manicura. Nunca erguia a voz, delicado e manso. Trazia bala, revista, coçava-lhe a nuca, o seu bichinho de estimação.

No almoço a eterna disputa. Chegava afogueado, olho distraído. Laurinho baixava a cabeça esperando o protesto da mãe. Por que o pai tinha de beber?

Atrasado para o jantar. Sentava-se à cabeceira, ciscava o garfo no prato. Qualquer assunto — as crateras da lua, o primeiro canto da corruíra, os monstros cegos no fundo do mar — acabava em feroz discussão. Na tarde amena de primavera uma chuva repentina de pedra.

— Já sei. Regalou-se com pastel e empadinha. E a escrava que...

Trazia sanduíche de pernil que repartia em três pedaços, o maior para o menino. Sua porção a mulher deixava no canto do prato.

Bêbado, incapaz de recolher o carro na garagem. A mãe descabelada e aos gritos, com medo que o roubassem.

Condenados a crucificar um ao outro na mesma cruz. Quanto mais ela brigava, mais ele bebia — uma aposta entre os dois, quem cansava primeiro?

Nunca o menino esqueceu da medonha noite chuvosa. O velho chegou às dez horas. Cambaleante, abateu-se no sofá vermelho da sala. Primeira censura da mulher, quis enfiar o sapato barrento e sair outra vez. Mão trêmula, sem poder com o nó do cadarço. Resmungando, babão e lamentável. De repente irromperam os dois tios:

— Você vai com a gente.

Urros do pai indignado, que se debatia sem força:

— Filhos da mãe. Lazarentos.

A dona chorando de pé na porta. Foi arrastado debaixo de chuva até o carro. A pobre enxugou as lágrimas do menino:

— Não é nada, meu filho. Com esse tratamento ele fica bom.

Quantos dias não viu o pai? Sem perguntar para a mãe, de joelho diante da Nossa Senhora, confabulando com os tios debaixo do São Jorge e o dragão.

Um domingo com a mãe visitá-lo no hospício. O pai de pijama, pingos de café na lapela — em casa tão faceiro. Sentado na cama, lia de óculo — nunca o vira de óculo!

Pela janela gradeada o menino espiou no pátio os hóspedes, todos de pijama e chinelo, algum gesticulante e falando sozinho. A voz baixa e suave do pai:

— Nunca mais te perdôo.

A mãe chorando pela rua desde o asilo até a casa.

Um dia o pai voltou e ficou dez anos sem beber. Começou a viajar a negócio. A mãe discutia menos; pudera, ele mal parava em casa. Mudaram-se da rua de barro para um bangalô azul. O pai comprou geladeira, máquina de costura, carro novo. Combinava o suspensório com a gravata cada dia diferente.

Surpreendido aplicando-se injeção debaixo da pele: agora diabético, era de família. Nem assim renunciou às delícias do pastel de camarão e palmito, cortado quadradinho, igual ao do bar.

O rapaz folheando o velho dicionário, ali na bonita letra: *Faz hoje dez anos que larguei o vício*. Ao pé da página: *Duas pessoas que nada mais têm a se dizer e toda noite se dão as costas no mesmo leito*.

Celebrando o aniversário do filho, tão alegre, bebeu uma dose de uísque. A mãe, de voz tremida e mão no coração:

— Ai, Jesus Maria José. O pai já reinando.

Daí ele bebeu todas as doses.

Três goles bastavam, já desfigurado — aquele sorriso que a família odiava. Carão purpurino, olho meio fechado. Nenhum dente em cima, dois ou três embaixo. Bigode mais longo para disfarçar. Maior o pavor do dentista que do choque elétrico no asilo. Nunca o rapaz lhe viu a boca por dentro. Curioso, até comia bem — moela, coração e sambiquira.

Sobre a geladeira coleção de vidro colorido, vitamina e extrato hepático. Embora comesse menos, barrigudo, sem ser gordo. Perna fina, muito branca, de nervuras azuis.

Desconfiado que a mulher misturava droga na comida, não resistia ao divino torresmo de lombinho, na sua língua derretendo-se em surdina, quebradiço nos dentes rapaces do filho. Efeito do remédio ou força de vontade (no silêncio da sesta o sentido suspiro lá do fundo), algum tempo sem beber.

Dores da idade, o rapaz desafiava o pai, atirava os talheres no prato, saía batendo a porta. O velho ficava lívido, sem voz. Riscava o garfo no prato e, arrastando o chinelo de feltro, fechava-se no quarto.

O moço tinha vergonha do pai diante das visitas. Afável, queria conversar, dispensava pequenas atenções. A voz babosa, olho vidrado. O sorriso de êxtase quase um insulto.

A família em sobressalto, chegaria bêbado ou sóbrio? Sempre de pilequinho, não mais que duas cervejas, cada vez menos resistente. A mãe na porta, ora dragão flamejante, ora São Jorge trespassando o dragão.

Descia do táxi com os braços cheios de pacotes.

— Lá vem o velho bêbado.

Mais que saquinho de pinhão, quarto de carneiro, pacote de fubá mimoso para desarmar a sua fúria. O filho, possesso:

— Que inferno.

O velho trôpego, uma perna mais curta? Direto para o banheiro e, posto escovasse as gengivas, persistia o bafo — vermute com quê?

Dia do noivado, suplicou o moço:

— Pai, não beba. Por favor. Só hoje.

Ofendido e digno:

— Exijo mais respeito.

Fim de noite um chorou nos braços do outro, pai e filho bêbados. Se Pedro, que era Pedro, três vezes negou a Jesus, e mais era Jesus, por que não podia ele renegar o pai?

Noite seguinte, enquanto a mãe se benzia, o moço aos murros na mesa:

— Não agüento mais... Quando vai acabar? Me sumir desta maldita casa.

O velho confuso e sincero:

— Que é que há, meu filho?

Pior que as palavras o silêncio acusador, os suspiros abafados, o olhar de censura do próprio Cristo na Santa Ceia à cabeceira.

Após o almoço, a sesta na cama em pijama de listas. Suando muito, dois banhos de manhã e à tarde.

— Esse aí com alguma vagabunda...

E a mãe, gemendo das cadeiras, abria o paletó ao sol para secar.

Era cruel com o velho por amor ao filho? Como podia o filho não ficar ao seu lado? Se não era ela, quem enchia de água o filtro? Sempre lavando e chorando, varrendo e rezando, quem sabia fritar o ovo dos dois lados? Passional, o grito nascia do soluço. Agarrava a sombrinha e batia a porta. O dia inteiro sumida na casa da irmã.

— Onde que foi a mãe?

Em nem uma das gavetas o saca-rolha. Garrafinha de cerveja. Dois copos de vinho tinto. Balofo, vermelhoso, caladão.

— Não sei como é tão engraçado. Com os amigos. O palhaço do botequim.

Bom provedor, sempre um cacho de banana dourada na despensa.

Raro se permitia uma palavra:

— Trinta anos de guerra.

Em surdina:

— Nem consegui que ela desse a segunda volta na chave.

Só se referia à sogra Cotinha:

— Como vai dona Eufêmia?

— Poxa, pai. Tem dó. Assim não dá.

Bem-falante, brilhava na roda de amigos. Cada cerveja queria novo copo geladinho.

— Isso é moda do doutor.

Famoso piadista, longe da mulher.

— Teu pai lá no bar.

Ainda alcançava os risos da história divertida. Cruzava duas e três vezes a porta. Ganhando coragem:

— Vamos, pai. A mãe mandou chamar. A janta esfria.

Domingo ia à missa, sempre na catedral. Amava o esplendor dos altares dourados. Na boca meio fechada o bigode grisalhava:

— Quando eu entro as matracas batem sozinhas.

[38]

Tangiam pelos seus pecados. Quais podiam ser? Do amor demais? Muitos anos para saber que copiava as notas na secretaria da faculdade:

— Esse aí vai longe — anunciava para os amigos.

Pobre velho... Eterno menino triste, infeliz, humilhado. No circo de baratas leprosas, que era o doce consolo de um e dois tragos?

Bem casado, o filho escutava um disco, rolava o gelo no copo. Se nada lhe faltava, por que ensaiava a mulher as primeiras censuras? Bebendo mais que o pai, era diferente: nunca daria vexame. De quem a expressão dolorosa: a noivinha que o olhava ou a mãe para o monstro do pai?

Ela atendeu o telefone:

— Teu pai desmaiou na rua.

Carregado pelo amigo para o hospital. Acenou ao filho, que se debruça na cama:

— Mandou consertar...

— Sim, pai. O relógio.

— Desculpe...

Sorriu agradecido.

— ... o perdigoto.

De repente gaguejou frase desconexa. Pensava uma coisa, a boca torta dizia outra. Cômico sem querer. Aflito até as lágrimas no esforço de falar.

Recusou a comadre. Contra as ordens do médico, foi ao banheiro. Lavou as mãos. Penteou o cabelo. Abriu a boca — e, antes do grito, caiu fulminado.

Ao vê-lo em sossego no caixão, o filho reconheceu como eram parecidos. O mesmo pavor do dentista. A mesma graça que divertia os parceiros de bar. Só que ele tinha todas as desculpas e o velho nenhuma.

Como se faz para pedir perdão ao pai? Ainda não era tarde. Reconciliados, agora se dariam bem. Pouco importava um estivesse vivo e outro morto.

O Repasto Frugal

— O doutor dê um jeito no João.

— O que ele fez?

— Ele bebe. Quase não trabalha. Não me dá sossego. Sujo, barbudo, o cabelo tão grande. Até a menina disse: *O pai agora tem cacho.*

— Você não bebe, Maria?

— Eu bebo, mas durmo.

Acendeu o cigarro na brasa do outro.

— Ele bebe e reina.

Baixinha, magrinha, escurinha.

— Quarenta anos. Não agüento mais. Lidar no fogão. Só pegar na enxada. E ele me judia. Veja, doutor, os arranhões no braço. Quer me atropelar. E recolher a parceira. É de menor.

— Bebendo assim, parceira é difícil.

Coração pintado na boquinha murcha.

— Bêbado mais assanhado. Não respeita nem a menina. O anjinho me disse: *Não fico mais em casa. Não posso com o pai.*

— Essa filha não é dele, é?

Perna cruzada, estalou o chinelinho no calcanhar.

— Vá lá, doutor. Não é dele. Sabe o que falou?

Sorriso medonho de banguela.

— *Ganhando corpo, ela é minha.*

— Então cobiça a menina?

— Com nove anos, o anjinho. Só espera até os doze. Que inferno a vida, não é, doutor?

O boteco na beira da estrada: fumo, cachaça, farinha de milho. Um atende, o outro bebe. E quando bebem os dois?

— Quem sabe um acordo. O que você acha, João?

Barbicha loira, olho bem azul, chapéu na grande mão de unha preta.

— Ela só bebe, doutor. Não licor de ovo. Não vinho doce de laranja. Cachaça mesmo. E muita cachaça. A filha preferida de nhô Antônio, quem diria. Morreu desgostoso, o velho. Bem me avisou: *Maria, a triste, é viciada.*

Na carrocinha ele vendia batata, galinha, banana. A dona carpia a roça de milho. Os dois meninos ajudavam. Com os anos ela piorou.

— Na mesa nua, polenta, queijo e pinga — isso é comida?

Ausente o homem, recolhia um gordo motorista de botas. Deixava o caminhão na porta da casa, o desgracido.

— Essa aí estragou minha vida, doutor.

No porre bradou que João não era o pai. Ele a bastardinha não queria.

— Com ela ainda eu fico. Sem a filha.

— Onde é que põe a criança?

— Lugar dela é no asilo.

Cabeça baixa, esfregou no lenço vermelho a palma calejada.

— Diga para o doutor de quem é filha.

— Tua, ela não é. Eu sustento que não é dele.

Olho meio fechado da fumaça, o dedo amarelo espalhava a cinza pelo chão.

— Deixa de ser desbocada, mulher.

— Não é dele, a menina. Eu sustento e garanto. Mas a criança é inocente.

— Ela foi registrada?

Como filha legítima do João. Quando ela contou, não sabia se a matava ou morria. Moço limpo, bravo

[43]

e altaneiro. Dono da carrocinha e do cavalo tordilho. Careceu beber para castigar a traidora.

— Comigo ela fica. Que sou a mãe.

— Quer anular o registro, João?

— Não vale a pena, doutor.

Aceitou a adúltera, bêbada e relaxada. E passou a beber. Agora os dois que bebiam. Tanta gritaria, os rapazes ganharam o mundo. Depois de bêbado, vingava-se da humilhação: ela começou a apanhar. O pior que, decaindo, perdeu a carroça e o cavalinho, era de estimação.

— O anjinho queria agradar. Empurrado com maus modos: *Não sou teu pai. Vá pedir a bênção ao Zé do Caminhão.*

Uma gorda lágrima no olho vermelho.

— Já viu, doutor? Pegar na enxada, eu, na minha idade? Veja minha mão, doutor. Eu lá no sol. Descadeirada. Quem vai me querer?

Mão trêmula, derrubou a cinza no vestido desbotado de bolinha azul.

— Nem mesmo o Zé do Caminhão.

Durma, Gordo

— Assine, Gordo.

— Hein, o quê? O que foi? Hein?

O estalido sinistro da caneta. E o talão de cheque aberto na mesinha-de-cabeceira. Ainda borracho, às dez da manhã, não conseguia ler.

— De quanto é?

— O sapato das meninas. Assine, Gordo.

Ali no canhoto a marca da traição: uma hora que chegava mais tarde, o número maior no cheque.

*

— Veja só. Tem formiga na cama. Estão mordendo...

A mulher mal resmungou:

— É sonho. Durma, Gordo.

Arregaçou a calça do pijama:

— Um vergão azul no pé. A gangrena, ó Deus. Me acuda.

Esta noite nunca mais? Um, dois, três pontos no tornozelo.

— Durma, Gordo. Durma.

Sem acordar, a ingrata assobiava pelo nariz — ainda lhe custaria operação no septo.

*

Proibido de babujar na fronha florida.

— Olhe o que você fez. Ai, que nojo.

Como pode, ó mártir, o bêbado dormir, ó heroína, sem babar, ó santíssima?

*

— Por que não se olha no espelho? Quanto mais braba, o teu nariz maior. E teu olho mais torto.

Não muito gentil, se era nariguda e pouquinho estrábica (o que, da noiva, proclamava o supremo encanto).

*

— Alguma dúvida que Deus não é magricela com dores de úlcera e sim gordo bonachão que se delicia com moela, coração e sambiquira?

*

— Não grite, minha filha. O pai com dor de cabeça. Morrendo de sede.

Amorosa, a filha trouxe o copo d'água e a almofada toda manchada:

— Esta é a do pai.

*

No banheiro, sentado, lendo o jornal. Batidas urgentes na porta. Obrigado a abrir.

— Não se pode mais...

Na maior aflição entraram a mulher e as três pivetes.

— Está na hora do colégio.

*

— Não tem um fio e uma agulha?

Costurasse a braguilha do pijama, não escandalizar a criadinha.

— Para o chá das amigas todo o tempo, não é?

Ela começou a chorar:

— Só porque eu... Não posso nem. O chá de minhas amigas. Beber você sabe. Chega de madrugada...

Aos soluços, um miado de gata sentindo as três pontas do chicote.

— Chore mais baixo. As meninas acordam.

E, a distância o bruáá rouco do disco fora de rotação, sorrindo ele dormiu.

*

— Isso é hora de chegar? Onde esteve até agora? Sempre com tuas vagabundas.

Pronto exibindo as lágrimas fáceis:

— Por que me tirou da casa de meu pai? Já não gosta de mim.

A conhecida chantagem sentimental, ó Deus. Ainda vestido, cobriu a cabeça com o lençol:

— Apague a luz que vou morrer.

*

Sempre um relógio barato no pulso: o presente para toda rainha da noite.

— Outra vez, Gordo?

— Perdi. Tenho culpa de perder?

— Um relógio preso no pulso? O segundo em cinco dias?

*

— Tudo você sabe, não é? Então me diga, dona Chica: Por que a segunda empadinha nunca é tão gostosa? Por que o garçom não serve a segunda antes da primeira?

*

Sol na janela, o pior inimigo do bêbado. Um pardal vem beber na torneira do jardim. Firma-se nas patinhas, baixa a cabecinha, enfia o bico na torneira, cata uma e outra gota. Ao seu lado, segundo pardal espera a vez.

*

Cabeça baixa, engolia os soluços, no aplaudido papel de maior atriz do ano.

— Por que a mãezinha chorando?

As filhas em volta, uma pedra em cada mão.

— O que fez o monstro do pai?

O monstro do pai — a eterna praga da mãe na boca do anjo de cinco aninhos!

*

— Hein, que tal eu? Cobiçando a senhora, hein?

Com a tevê ligada, o disco na radiola, todas as luzes acesas, arrastada para o tapete — a penugem arrepiada de canarinha amarela banhando-se na tigela d'água.

— A porta! Se as meninas... Feche a...

Era tarde: à mercê do feroz magarefe que, o golpe sem misericórdia da marreta na nuca, abatia, esfolava e carneava a sagrada bezerra, agonizando no gancho e abençoando o carrasco.

*

Três em ponto, com um grito sentou-se na cama: De quanto o cheque na manhã seguinte?

＊

— Grandíssimo canalha. Pensa que não sei? Que tem outra. Só volta de madrugada. Cheirando a cadela molhada. Para você não passo de uma infeliz. Tanto que mamãe...

— Espere aí. Você, bem descansada. E eu? Bêbado, manco, língua trôpega. Assim é covardia. Discutir amanhã, poxa.

＊

— Minha maior alegria quando estiver no caixão preto lá na sala.

Ela, quieta.

— Daí quem assina o cheque?

＊

Levada para casa, a empadinha não é a mesma: fenece no pratinho de papelão.

Qual a mulher que entende?

*

O velho na esquina sempre com a cesta de amendoim torrado. A cada um que chega:

— O que vai querer?

Assim tivesse, além do amendoim torrado, muita delícia na cesta.

*

— Monstro. Igual ao pai. Coragem de me bater!

— Por que provocou?

— Motivo tão fútil...

— Nenhum motivo é fútil. Todo grande crime é por motivo fútil.

*

— Se chegar depois das três, a casa fechada. A mala na varanda. E o táxi na porta.

Nem se preocupou. Para que serve o querido bangalô da mãezinha?

*

A irritação de uma casquinha de amendoim na garganta — era saudade antecipada?

*

Uma da manhã, chegados da festinha, ela desceu para abrir o portão. Correu o ferrolho e encostou-se à parede. Boquiaberta, o que viu?

Em vez de entrar, ele deu a ré e, cantando os pneus, sumiu na esquina.

Voltou duas horas depois:

— Fui comer um sanduíche de pernil.

A catinga de cadela molhada pairando no quarto.

*

— Eu saio, Gordo. E você fica com as crianças.

— Pode sair. Mas leva tuas filhas.

— Então não saio.

— Nem eu.

*

Três da manhã. Saltou do táxi, cambaleou no jardim. Todas as luzes acesas — a famosa guerra psicológica. No quarto, a mulher embalava a filha menor, cabeceando e cantarolando.

— Com dor de barriga. Não acaba de chorar.

Ele agarrou o travesseiro e, na meia-volta, rumo ao sofá da sala:

— Não chore, filhinha. Que a mãe já pára de cantar.

*

O jantar para os dois casais amigos. Na parede uma das mulheres nuas de Modigliani.

Tanta festa, muito riso: o lombinho uma delícia. Até que um dos maridos:

— Essa moça do quadro. Ela sorri para você?

— É o meu consolo das horas mortas.

A dona acudiu, toda oferecida:

— Ela sou eu, não é, bem?

Um murro na mesa, sacudindo talheres, espirrando vinho tinto:

— Ela é você? Quando você teve esse amor desesperado nos olhos? Esse perdão infinito na boca?

Outro murro mais forte:

— Não se conhece, sua bruxa?

*

Observou-a encher o copo no filtro, sorver a metade e deixar o resto.

— Essa aí nem beber água sabe.

*

Ela jamais o compreenderia.

Pastor desgarrado das ovelhas.

Pai pródigo que toda noite parte para nunca mais e volta de manhã para mudar a camisa, comer o cabrito, vender o anel.

Príncipe secreto do inferninho.

Noivo eterno das rainhas da noite.

Profeta da bailarina nua dos últimos dias.

*

Despertado em pânico pelo estalido furtivo da caneta:

— De quanto é o cheque? Não pense que eu assino.

— Durma, Gordo. É o rol da roupa.

Questão de Herança

Para o inventário do velho a descrição de bens e a relação de herdeiros. Em volta da mesa, alguns sentados, a maioria de pé: a viúva, o filho varão, as três filhas, nora e genros.

— O ranchinho, doutor. Um palmo de terra.

Na ponta da cadeira a velhinha seca e mirrada, mais de setenta anos. Vestido preto desbotado, chinelo novo de feltro xadrez. Cigarrinho de palha na boca sem dente.

— E as benfeitorias, dona Biela? De praxe...

Galinheiro, barbaquá, chiqueiro.

— ...são da viúva. Sem pagar imposto. Quando ela falta passam para os filhos.

— Se elas não entram...

Era a Rosa, vestido azul de bolinha, sardas no roliço braço nu.

— ...ele não assina.

Com o pretexto de que não tinha lugar, o genro fumava lá fora.

[57]

— Muito me admira. Se é a voz do pai — *as benfeitorias não* — ninguém contesta.

Envergonhada, baixou os olhos. Bateu na mão do menino, pirulito na boca:

— Seu porqueira. Não se lambuze.

— Ele que entre — ordenou o doutor.

Ali na porta o moreninho, chapéu na mão, o olhinho falso parou na gravata do doutor.

— Que bobagem, Miguel. Tudo será de vocês. A praxe é que a viúva use.

A moça esfregou a sandália no chão:

— Se ela usasse, estava bem.

O caboclinho olhava para ela colocando as palavras na boca.

— Quem se aproveita é o João.

A mão no encosto da cadeira da velha, o filho de grandes bigodes e botas vermelhas de pó. Olhou firme para o cunhado, mas não falou.

— Então um compromisso de honra. Assina que não vende. Só ela que usa.

Daí a velhinha:

— Não assino.

— A senhora tem preferência pelo João?

[58]

Sem responder, uma funda tragada, as bochechas murchas se beijaram.

— Sou a caçula — insistiu a moça. — Para ela não fosse filha.

Dente risonho de ouro, interveio o genro Tadeu, o único de paletó:

— Eu concordo. Não quero nada. Só não quero encrenca.

Canivete de madrepérola, esgravatou o luto das unhas:

— Se os outros venderem a terra, eu compro.

O doutor para o filho:

— João, você abusaria de sua mãe?

Voz rouca de brabo:

— Eu tenho o que é meu. Não careço.

— Os filhos são os dedos da mão. Um não vale mais que outro. Não é, dona Biela?

A velhinha mansa e doce:

— É isso, doutor.

Outra filha, gorducha, uma criança se debatendo no colo:

— Mãe, a senhora está aposentada. De nada precisa.

— Eu é que sei. Com meio salário mínimo.

— Então a viúva assina. O papel eu guardo no cofre.

E para os demais:

— Usar o que o finado deixou? É direito da viúva.

— Só não quero que o João...

— A senhora concorda?

O ninho escuro de rugas com duas gotas azuis. Mais uma tragadinha:

— O doutor faça. Que eu assino.

— Essa velhinha vai longe...

E a Rosa saiu confabular com o marido na varanda. Tadeu esperançoso de bom negócio:

— Se der certo, eu compro a terra.

Todos, até as mulheres, fumando; alguns, cigarro de palha. Na fumaceira as crianças choramingavam e esperneavam.

O doutor batia na máquina a declaração, nenhum valor jurídico. Uma das moças abriu o vestido, sacou do volumoso seio, dois dedos no negro bico, que o piá sorveu esganado.

— Está pronto.

A velhinha se ergueu, lépida:

— Onde é que eu? Minha vista não presta. Não repare a letra, doutor.

— Aqui nesta linha.

O queixinho seguia o desenho do nome — a mão firme.

— Muito bem, dona Biela.

Deixou para o fim o pingo no i, o traço no t, o rabinho de enfeite.

Outra vez a Rosa com o recado:

— Ele só assina a procuração se registrar o compromisso.

— Que venha aqui.

Ressabiado chegou-se à porta, barbicha rala, olho vesgo de traidor. A velha afastou a cadeira e deu-lhe as costas. João esfregou a mão na calça de brim riscado.

— Como é, rapaz? Se não confia em mim, tudo acabado.

E para os outros:

— Compromisso moral dispensa registro.

O moreno todo mansinho:

— Não é por mim. Pela Rosa e o filho. A herança é dela.

A moça, quieta.

— Não é só a benfeitoria.

Miguel pigarreou:

— Tem a carrocinha.

A viúva acudiu, sempre de costas:

— Sem um aro na roda.

— Tem a mulinha.

— Estropiada de velha.

— A porquinha...

— ... sem leite.

— O milho no paiol.

— Todo carunchado. Só esqueceu da cachorrinha...

Riso nervoso geral.

— Uma perna mais curta — do coice da mula.

Os que não tinham dente exibiam a gengiva. Saciado, o nenê dormia, bico no lábio, um fio de leite no queixo. O moreninho pálido de despeito:

— É vergonha falar, doutor. Mas a velha bebe.

Tadeu ainda pulou, derrubando a cadeira.

— Epa, que é isso?

João foi mais rápido. Com as duas mãos alcançou o pescocinho:

— Miguel, seu carniça.

Sacudia com vontade:

[62]

— Lazarento.

A espuma do ódio na boca torta de fúria.

— Conhece que está morto.

— Deixe disso, João — bradou a velha, ainda sentada.

Todos gritavam e se atropelavam. As mães escondiam os filhos nos braços. O doutor com murro na mesa:

— Aqui é lugar de respeito.

João soltou as mãos trêmulas:

— Desculpe, doutor.

O moreninho roxo, língua de fora, a manga arrancada da camisa.

— Se é assim, doutor...

Meio afogado com o anel do lenço vermelho.

— ... eu assino.

A velhinha imperturbável.

— Não ligue, doutor. O hominho é fraco da idéia.

O doutor recolheu a parte de cada um. O caboclinho mandou o dinheiro pela mulher. João pagou por ele e pela velha que, na porta, coçava o pé de grossas veias azuis:

— Não quero mais saber dessa raça.

— De quem? Do Miguel?

— Não. Da minha filha.

Falar em filha chegou-se a terceira, essa, magrela e nariguda.

— Só eu que não assino.

Um menino pendurado na saia.

— Meu marido bebe. Lá em casa o doutor sabe como é.

— Que venha aqui. Amanhã sem falta.

Ela bateu com força na mioleira do piá:

— É meu castigo. Limpe o nariz. Pior que o pai.

Canção do Amor de Maria

— Me conte tudo. Que seja a verdade. Tudo o que disser é segredo.

Aos dezessete anos conheceu o moço na festinha de igreja. Namorado da sua amiga Marta, louca por ele, que dela não gostava.

— Falava com ela olhando para mim.

Mandou um bilhete pelo piá. Ela morrendo de medo do pai. O moço a perseguiu na rua. Já queria pegar na mão.

— A madrasta não contava?

— Qual era o dela? Queria se ver livre de mim.

Só continuava o namoro se pedisse licença. Domingo ele se apresentou, cabelo no peito, calça vermelha, botinha de salto. O velho diante da tevê, entre golinhos de cerveja:

— Agora não tenho tempo. Estou vendo futebol.

Domingo seguinte ele concordou, de má sombra. Desde que na casa não entrasse.

— Tudo o que eu sinto está na minha cara. Uma pessoa que me olha já sabe.

— O quê?

— A Maria tristinha. Ela está alegre.

Na varanda escura os primeiros beijos. A mão queria mais que pegar — terceiro olho na ponta dos dedos. Até que o irmão mais velho:

— Vai casar com o filho de um bêbado?

— Que é que tem? Você me garante que é igual ao pai?

O velho indignado:

— Que noivado é esse? Sem minha ordem? Não sou o pai?

— Estou pronto, seu André. A cama já comprei.

— Que seja. Daqui a trinta dias.

Sem passar além da varanda. O moço, impaciente, não queria respeitar. À noite nunca entrou na casa. Noivado só domingo de tarde. A madrasta na cozinha, os dois na sala. Chegou a tirar-lhe a calcinha ali no sofá. Ela repunha, era uma luta, ele tirava. De lembrança guardou-a no bolso — a terceira ou quarta? O mutismo era demais. Pânico de serem traídos pelo silêncio. Ela não deixou. Por mais que a tentasse.

— Vontade não me falta, João. Não pode esperar mais um pouquinho?

— Se pudesse eu não pedia.

Quase se entregou. Alucinada entre a paixão e o ciúme. Ele saía contrariado, o carrinho amarelo rangendo os pneus.

— Se eu não deixo, outras deixam. Eu o quero só para mim.

A irmã dele casou grávida de três meses.

— Por que não faz como eu? Aproveite, sua boba.

Toda a vizinhança se divertiu. Não quis a mesma humilhação. Afinal chegou o primeiro sábado de abril. O velho gemia e chorava.

— De arrependido.

Sempre a maltratou, única filha. Trabalhava desde os oito anos — a pobre da mãe, doentinha. Ia para o grupo, de repente aquela coisa. Na maior aflição que manchasse o guarda-pó. Na volta a mãe:

— Menina, o que está escondendo?

As duas corriam ao redor da mesa.

— Nada, mãe.

— O que você tem?

Mais que depressa ergueu-lhe o vestido. Grande susto, levou-a pela mão à presença da avó.

— Veja o que tem essa menina.

— Nossa, que pena. Cuide bem dela.

O primeiro namorado com treze anos.

— Tudo o que escondido é bom.

Com o irmão aprendeu a dançar.

— O senhor não me deixa sair. Não me deixa namorar. Pai, por que não me põe numa vitrina?

De ciúme não a queria de vestido. Só calça comprida. Uma vez chegou sem aviso, estava de minissaia. Assustada, correu para dentro. Enfiou a calça bem judas.

A mãe morta e quentinha até a hora do enterro. Alisava-lhe o rosto pálido — não é mentira — e sentia o calor. Muita noite não dormiu: Se a mãe foi enterrada viva? Será que estava na mesma posição? Se não tinha roído as unhas e comido as flores?

Uma criadinha na casa e, depois da mãe morta, uma escrava. Nem uma vez foi ao circo.

— Meu pai ele nunca foi.

De arrependido chorava e gemia. Daí ela chorou. E o noivo também. Só a madrasta que não.

— Deus te abençoe, minha filha. Que nada de ruim te aconteça.

Ela acendeu um cigarro no outro, olhinho verde fechado da fumaça:

— Parece que ele adivinhou.

No carrinho, latas amarradas e frases rabiscadas nos vidros: *Será que ela é? Mãezinha! Me acuda!*

A corrida furiosa para chegar depressa. Na reta ele dirigia com uma só mão, a outra ocupada. Ela nem pôde ver o mar. Arrastou-a para o quarto. Doeu muito, mas foi bom.

— Desde a primeira vez?

— Dois dias depois é que.

Com o sorriso descobriu uma covinha na bochecha esquerda — por que só na esquerda?

— Me perseguia até no banheiro.

— Fez muita arte?

— *Desse jeito* — ele disse — *perna quem tem?*

— Vocês fizeram...

— O que é isso, comadre!

— Um sentado, outro de pé? Os dois de cabeça trocada?

De resposta só a covinha.

— Eu quis reclamar. Mas ele: *Quem se gosta faz de tudo.* Credo, João, não é pecado?

[69]

— Chegou a...

— Isso nunca deixei.

— E gostava quando ele...

— Decerto. O pior, comadre, é que muito gulosa. Louca por camarão. No último dia, comichão no corpo, me arranhei todinha. Ele disse que era alergia. Alergia, hein?

Uma semana depois a volta a Curitiba. Chegando para o almoço, lavava as mãos e, antes de sentar-se à mesa, já queria.

— João, esfria a comida.

Meio da noite a despertou. Tão preguiçosa: Por que não espera até de manhã? Comadre, sabe o quê?

— De manhã eu quero mais.

Ela esquentava a água e dava-lhe banho. Era bom lavar os cabelos negros, esfregá-lo nas costas. O sabonete escorregava, a mão perdia-se no meio da espuma.

— Só que filho ele não queria.

Os seis primeiros meses. Olho perdido, de repente a faca doía no coração.

— Ei, mocinha. Estou aqui.

A tevê no quarto, gostoso conversar na cama.

Ruim só no domingo, a casa do sogro, sempre bêbado. Falando bobagem, chorando e babando. Obediente, o moço escutava, a eterna cuia de chimarrão. Ela foi agradá-lo, não desviou a cabeça? Quis lhe pegar no braço, ele se afastou.

Agora lavava as mãos e sentava-se à mesa. Não permitia que ela saísse. Para as compras só com o piá da vizinha.

— Em mim não confia? Se eu quiser outro, preciso ir até a cidade?

Dia inteiro na oficina batendo lata, macacão azul, mão preta de graxa.

— Hoje sim...

Enfim satisfeito, seis meses depois.

— ... eu me regalei.

Ao afastar do olho a mecha loira, soergueu a blusa, no umbiguinho fervia um vespeiro de beijos.

— Onde é que estava mesmo?

A partir desse maldito dia, sem entusiasmo. Queria descansar depois do almoço. Ela desabotoava a camisa, fazia carinho, a mão cheia de olhos. Ficava bem doidinha. Daí ele correspondia.

— Se você não me quer é que tem outra.

Na discussão ele a chamou de...

— Esse nome nem posso dizer.

— Cadela?

— Pior que isso. *Sem-vergonha*. E eu: Sem-vergonha, eu? Olhe pra tua irmã, que casou de três meses. Ele: *Você não porque teu pai te prendeu*.

Para não chorar lidava na comidinha. Lavava roupa. Semeava rabanete na horta. Milho para as galinhas.

— E da comidinha? O que ele mais gostava?

— Broinha de fubá mimoso.

Outra vez a empurrou. Ela cambaleou, caiu, bateu a cabeça.

— Só pediu perdão porque saiu sangue do nariz.

Noite fria de inverno, ele tomou banho, se enfeitou de calça preta, camisa rosa, paletó azul. Mais lindo de bigodão negro. E disse: *Tenho um encontro*.

— Onde é que vai?

— Com um amigo no bar.

— Também vou.

Correu e abriu os braços diante do carro:

— Passe por cima.

Com ódio a levou. Praça Tiradentes, deixou-a no carro. Mostrou o bar. Ela fumando e ouvindo rádio.

Uma hora depois, nada. Frio medonho. Uma velhinha bateu no vidro. Ela deu e pediu: *Veja naquele bar um moço de bigode.* A velhinha voltou: *Esse moço não está.* Ela não se conteve, entrou no bar. E nos outros bares. Em nenhum o achou. Ao sair do último, de relance um táxi.

— Deus sabe que não estou mentindo.

Era ele, o desgracido, com a outra.

— Tem certeza?

— Tudo era dele. A cara dele. O bigode.

O táxi sumiu antes de alcançá-lo. O paletó azul. Dez horas, e nada. Meia, e nada. Inquieta, sozinha, com frio. Às onze e meia surgiu na esquina, cambaleando. Amparado por um primo, que se despediu. Ele entrou no carro, não podia acertar a chave. Ria sem motivo, falava bobagem. Em casa o ajudou a se despir. Caiu na cama e começou a chorar:

— Maria, o pai e a mãe...

— Diga, amor.

— ...não são meu pai e minha mãe.

Descabelava-se e ela o agradava. Já sabia que era filho de criação. Mas ele não: o segredo revelado pelo primo. Ele a sacudiu:

— Quem é minha mãe? Você sabe, Maria.

Ela sabia e contou:

— Tua mãe é a dona Zizi.

Bonita e solteira, que o deu para o casal, registrado como filho.

— Ela sempre me viu. E nunca fez um carinho.

Fingindo que era amiga da família.

— Amanhã vou bater na porta. Para ver o que ela diz.

Agora casada, dois filhos, feliz com o marido rico.

— Seja bobo, João.

— Não me conformo.

Ah, se ele soubesse... A que chama de irmã. É filha da mãe de criação com um dentista. Quando Maria perguntou:

— Dona Biela, por que seu Joaquim bebe tanto?

Não é que respondeu, bem cínica:

— Motivo ele tem, minha filha.

De repente ofendido, o moço repeliu a mão:

— Me vê sofrendo e ainda tem coragem?

— Culpa tua. Me deixou assim louquinha.

— Outro homem não a atrai?

— Acho a gravata bonita. O olho bonito. Mais nada.

[74]

Agora interessado na novela, sem conversar.

— Estou cansado.

E dava-lhe as costas. Como é que antes não estava? Desde esse dia nunca mais foi à missa. Quando ela menos esperava:

— A dona Zizi. Não me conformo. Me vendo lá em casa. Sabendo que era o filho. Nunca me deu um beijo.

A moça remexia nos bolsos. Cada vez menos dinheiro — não era a prova da outra?

Descuidou-se com a pílula. Minto: foi de propósito.

— Você tem de tirar. Não posso sustentar mais um.

— Onde comem dois comem três.

— Eu não quero.

— É o meu filho.

— Tem de tomar injeção.

— Não tomo. Nem à força.

Ele trouxe uma droga na garrafinha azul. Servia na caneca da *Saudade* em letra dourada. Era amargo, provocava cólica medonha. Tomou no primeiro dia. E no segundo. No terceiro ela perdeu.

— João, você um assassino. Era coisinha de nada. Mas era o meu filho. Tomara Deus te castigue. Que teu filho nasça aleijado.

— Nossa, um filho teu?

— Meu não. Da outra.

Um ano de casados. Ela, fogosa e ciumenta. Ele, arredio.

— Amor de bruto.

Não feito ela, que gostava de agradinho.

— Como é que foi o dia, João?

A resposta de sempre:

— Só não me pegue.

Ou:

— Sua cadela.

Meu irmão, coitado, é testemunha.

— Não gosto mais de você.

— Por que, João?

— Que sim.

Grande bigode, mais magro, olheira funda.

— Quer o que não posso dar.

— Ah, é? Eu arranjo outro.

— Magra como você é?

— Por uma gordinha você me troca?

Até perdeu o ciúme.

— Sabe, João? Um moço lindo. No ônibus. Não tirava o olho de mim.

— E você correspondeu?

— Não. Tratei de descer.

Ele procurou advogado. Trouxe um papel. Os dois concordavam em se apartar. Ele de volta para os pais. Ela ficava na casa. Em troca dos móveis, desistia da pensão. Ingênua, assinou em três vias.

O pai convocou o noivo e o velho bêbado.

— O pai quase preto. Quando brabo, fica assim, o sangue sobe. O bêbado não parava de falar. O pai me defendia e atacava. Isso quando o velho se calava. O João sem dizer sim nem não.

De noite, enquanto ele dormia, rasgou o papel no bolso do paletó. Viu-se sozinha e, última esperança, na frente dele botava a pílula na boca. Ao se distrair, ela a cuspia da língua. E não lhe dava sossego.

— Ai de mim, perna quem tem?

Sábado, ele empurrou o carrinho no mercado:

— Só para uma pessoa.

Assim que entraram em casa:

— Arrume minhas coisas. Que eu vou embora.

— Arrume você, seu bandido.

E atirou-se na cama, soluçando.

— Ele que ajeitou a mala?

— Nem mala o desgracido tem.

Diversas fugidas ao carro, levando os pertences. Ela, sentada na cama, mordendo o lencinho. Em silêncio o olhou, ali na porta, ainda mais querido. Sabe o que disse?

— Fazer amorzinho? Bem gostoso? Em despedida?

— Amorzinho com tuas vagabundas. Ou tua irmã.

— Não dá tiau?

— Só quero que morra. De boca torta. E pé seco.

Deixou a porta aberta. Ela ouviu o motor do carro. Que partiu cantando os pneus.

Medrosa pediu à vizinha lhe fizesse companhia:

— Me abandonou, o filho da mãe.

Ao dar com a porta aberta, ela correu. Seria ele, arrependido? Só o vento.

Dias depois na rua ao longe um carrinho amarelo.

— Ai, o estrondo de uma janela... Bateu aqui no peito.

— Você tem chorado muito.

— Não faço outra coisa.

Magra de desgosto:

— Já perdi três quilos.

A avó correndo atrás com gemada e cálice de vinho doce.

— Quer um chazinho, minha filha?

Sábado ele mandou pedir a rede e o caniço. Bem que ela se queixava:

— Você gosta mais dessa vara que de mim.

O conselho do pai:

— Se ele vier buscar, você dê. Se mandar o primo, você negue.

Não o da madrasta:

— Quebre a vara. Em sete pedaços. E queime.

Escondida, consultou a famosa vidente, benzedeira e ocultista Madame Zora.

— Você é separada. Ele gosta de você. Alguém não quer os dois juntos.

Olhou bem para a moça:

— Tem acolchoado de pena?

Sem pingo de sangue quando ela falou.

— O mal está dentro.

Não acreditou. Ela mesma que encheu. Para o enxoval. Com pena de ganso, só de ganso.

— Fiz o que ela disse. Eu e minha cunhada. Abrimos e lá no fundo o que achei? Fita vermelha trançada. Mais toco de vela. E — o pior — unha inteira de porco. Quando vi a negra unha retorcida... Agora posso não acreditar?

Embrulhou no jornal e, a favor da correnteza, atirou no Rio Belém.

Ao voltar para casa, na palavra de Madame Zora, João estaria à espera.

Correndo ela voltou. Na porta ele estava? Nem eu.

Dedinho amarelo, unha pintada de branco, acendeu o último cigarro.

— Será que não há outro homem?

— Comadre, Deus me livre.

— Não com você Maria. Com ele.

Olhinho tão perdido.

— Se ele voltar eu...

E apagou o cigarro na palma da mão.

A Pinta Preta da Paixão

Casou com a moça bonita e pobre, forçada pelos pais. Escrivão, bom partido, vinte anos mais velho. De vingança, nos primeiros meses ela o enganou com o dentista. Não é do marido a filha única. Marca da traição, a vergonhosa pinta de beleza, canto esquerdo do lábio, no dentista como na menina.

Com o escândalo João mudou de cidade. Nunca mais foi visto com a mulher. Balançava as compridas pernas entre o cartório, o clube, a igreja. Na fila indiana dos filhos de Maria, larga fita azul no peito, rezando e cantando de mão posta. Como escrivão, o privilégio de segurar uma vara do pálio no cortejo.

Ela, pecadora arrependida, uma vela acesa na mão, protegida do vento na concha branca de papel. Com os anos passou a usar óculo, que a enfeou. O nariz quem sabe maior. E, última prova da paixão, o dentinho de ouro.

Espirrando o pó dos autos, com dois dedos João batia as certidões na velha máquina sem til nem cedilha, acrescentados em tinta roxa. Toda noite no clube, jogador aflito e sem sorte. Só levantava para ir ao banheiro, deixando o óculo sobre as cartas, ao lado do pratinho com rodelas de salame. Além de espiar-lhe as cartas, os parceiros esfregavam nas lentes a casca do salame.

De vez em longe examinados os autos pelo juiz, que o intimava a repor o dinheiro dos órfãos. Em desespero, recorria aos dois agiotas da cidade.

A filha Zezé cresceu, muito lindinha, mais parecida com o dentista. Apaixonou-se pelo Josias, que dela se aproveitou. Os pais não queriam o namoro. Ela se encontrava no beco escuro, à noite no cinema, até no campinho de futebol.

Abandonada pelo sedutor, ingeriu quinze comprimidos de aspirina. Não morreu, agora com tossinha nervosa que disfarça a dispepsia crônica. Sem amigas, repudiada pelas mães dos alunos, proibido o salão de baile. Guarda-pó dobrado no braço, transferida para a escola isolada no fundão. Sempre cativa do Josias, saudoso no saxofone da bandinha. Ela quem paga as prestações da fogosa moto vermelha. Só para vê-lo em nuvem de pó com outra na garupa.

Debaixo da porta João achou uma carta anônima. Datilografada, acusando a mulher de adúltera. E a filha de bastardinha. Sem comentário, ele a deixou na cristaleira da sala, ao pé do elefante amarelo.

Muitas cartas chegaram, essas, pelo correio. Uma para o padre, narigão purpurino do abuso de vinho. Outras para os dois agiotas, prometendo as brasas vivas do inferno. Todas da mesma velha máquina sem til nem cedilha.

Aposentado, careca, branco olho esbugalhado, João repartia-se entre o vício e a salvação. Sozinho à tarde na igreja, balbuciante, mão no rosto.

Se ele demorava além da meia-noite no clube, a negra enfiava a cabeça na vidraça quebrada:

— Dona Maria chamando.

Só para não deixá-lo ganhar.

Na tarde calmosa a dona comprou fio, agulha, botão. De volta, cambaleante no corredor do vizinho.

— Não me sinto bem.

Amparada até o sofá de palhinha.

— Sente, dona Maria. Que passa.

Suor frio, óculo embaçado, negra boca torta.

— Um copo d'água.

Correu a vizinha com as gotas de coramina. Sentada quietinha, ouro faiscando no dente, apertava no peito os dois novelos azuis de lã.

No velório, de tão feio o velho parecia triste. O enterro com pequeno acompanhamento, ele ao lado da moça, maior a pinta no canto do lábio. Nem uma vez se abraçaram nem se deram as mãos.

Mesmo dia foi visto arrastando o sapatão pela praça.

— O João fora de casa. Sem guardar nojo. Não é esquisito?

— Alguma precisão.

À hora habitual quem entrava no clube para ocupar a cadeira diante do pratinho com rodela de salame?

— Agora posso jogar sossegado.

Desde essa noite a sorte mudou e, nos cinco anos que viveu, ganhador de mão cheia.

Do outro lado da rua seguem-no os piás boquiabertos e medrosos. Altão — ó guarda-chuva furado e de varetas quebradas! —, sacode os longos braços e fala sozinho. Sempre os bolsos inchados de pedras. Ao vê-lo os cachorros apostam quem o morde primeiro.

[84]

O Colibri Furioso

Empinou o chapelão branco. Retorceu a ponta do bigodinho. Alisou a unha na costeleta.

— Quem mandou ela vender os pinheirinhos?

Riscou a botinha no soalho.

— A herancinha dela, que eu salvei com estas mãos, ela que fique.

Ela, uma cabeça maior. Peluda na perna. Dentinho preto.

— Não agüento mais, doutor.

— Quem carpiu? Quem abriu valeta no banhado? Foi o hominho.

— Bêbado, ele faz arte. Dá pontapé na porta.

— Sabe do que essa aí me chamou?

— *Corruíra, andorinha, colibri*, a mãe que disse. *Bichinho de Deus. Não presta judiar.* Por que ele se ofende?

Colibri não era. Pequeno homem aflito.

— Só não conta o brinco que o hominho deixou a horta.

— O maior dos ingratos.

— Ingrato, eu? Por um pedaço de carne... só para esta mulher...

— Faz cinco anos.

— ...matei o porquinho mais gordo.

— Matou. E alega até hoje.

— Era de estimação.

— Me atropela de casa. Com a criança no colo. Bebia para ter coragem de reinar.

— Ainda te dou de chicote.

Chegava impossível da bodega. Aos gritos: *Volte para tua mãe.*

— Janjão, meu bem. Se for homem, repita para o doutor.

— Não me chame de meu bem.

— Se continua assim, eu pego o colchão. Vou para casa de nhá Chica.

— Vá. Não quero outra vida. De você não preciso.

— Quem é que faz o teu mate?

Exibiu os dedinhos rosados:

— Não tenho mão?

Deitou de botinha na cama. Ligou o rádio no maior volume.

— Janjão, pare com isso. O menino não pode dormir.

Mais ela pedia mais alto ele tocava. Furioso avançou para a arranhar.

— Veja, doutor. A unhada no pescoço. Dói até hoje.

Para se defender o empurrou de leve. Caiu de costas. Não se levantou e acabou dormindo. De manhã acordou bonzinho — e ganhou café na cama.

— Não disse que de mim não carecia?

— O que é dela é dela. O que o caboclinho fez, ninguém tira.

— O que é de um, João — uma palha, uma agulha, uma galinha —, metade é do outro.

— Ele não entende — acudiu a moça.

— Quantos lotes você tem, João?

— Três. Não, quatro.

— Faça a conta: dois são dela.

Em protesto batendo no peitinho forte.

— Todos no meu nome.

— E a vaquinha de leite?

— Que seja. O leite para ela.

— Eu não disse, doutor?

— A vaquinha para mim.

— Por que essa briga de repente? Será que tem outra mulher, João?

Pronto ela chorou de mão no rosto:

— Na festa ele tomou uma garrafa de vinho com a Zezé.

— Não vejo nenhum mal, dona Maria.

— Uma dona à-toa, doutor.

— À-toa nada. À-toa é você.

— Viu só, doutor?

Queria brincar com toda moça bonita.

— Ficou variado pela filha do compadre Carlito. Sabe o que fez? Gritou no meio do povo: *A sorte dela sou eu.* E dois tiros na porta da capelinha.

— Essa aí que procure os direitos.

— Se você se aparta, João, tem de dividir.

— Isso eu duvido.

— Mais uma pensão para o filho.

— O cacho de banana na despensa. Que mais ela quer? Só me azucrina.

— Vocês brigam muito?

— Só uma vez me ganhou. De traição. Me deu com a panela. Fez sangue. Levei três pontos.

Ergueu o chapelão, exibiu a cicatriz.

— Como é que tão pequeno pode com ela na bicicleta?

— Ora, doutor. Carrego três na garupa!

— Se ele passar com outra, eu nem ligo.

— E você, João, se ela passear com outro...

Ela acudiu:

— Essa confiança não dou.

Traçando figas com o polegar.

— Do dinheiro do banco ele gastou dois milhões.

— Gastei e pronto. Lá na meia-água. Quem fez tudo sozinho?

— Direito dele, dona Maria.

— Tem uma, doutor.

Ficou na pontinha do pé.

— Para ela eu dou sete milhões. E o resto é meu.

— Muito pouco, João. Pode sentar. Essa proposta não serve.

— Então eu deixo a herancinha. Mais o paiol.

— O que ele chama de paiol é um rancho podre.

— Mas quem fez? Foi o negrinho aqui.

— Ela não trabalha, João? Vi os dois carpindo a roça.

— O caboclinho que plantou.

— Ah, é? Quem debulhou o milho? Quem malhou o feijão?

Ergueu ligeira a barra do vestido:

— Cheguei a ficar com ferida.

Brabo, atirou o chapéu no chão:

— Não se exiba, mulher.

— E os trens da casa?

— Tudo tareco velho. Se o doutor duvida, pode ir ver.

— Tareco velho... Mas muito meu.

— Eu quero as duas latas de banha. A caneca de *Parabéns*. E a bacia que foi de minha avó.

— E eu, doutor? O hominho fica sem banha?

— Que tal uma lata para cada um?

Espichou-se no saltinho da bota:

— Ela já tem parceiro.

— Ah, bandido. Você não prova.

— Não disse, doutor?

Baforada azeda de vinagrão.

— E você? Conte da filha do compadre.

— Uma criadinha, doutor.

— Deitou com ela na nossa cama.

— É de menor.

— Já maior que ele.

Possesso, olhinho de sangue, o gogó aos pulos:

— Eu quero essa aí longe de mim.

— Então posso dormir no rancho dos fundos?

— Não deixo. Quem é que me traz o mate na cama?

— Pensa que é o mate, doutor? Só quer me agarrar. De manhã bem assanhado.

— Me respeite, mulher. Bem que o negrinho...

No peito magro bateu o punho fechado.

— Quem manda em casa é o galo velho.

Apanhando o chapelão, enfiando-o na cabeça:

— Ela que não me duvide.

— Deixe de beber, Janjão. Daí você me dá valor.

— Se acalme, João. Os dois vão para casa. E pensem bem.

Esperou que a dona saísse primeiro.

— Ai, que saudade... Que falta eu sinto da filha do compadre.

— Não faça bobagem, João.

— Quem mandou vender os pinheirinhos?

— Eram muitos?

— Dois grandes, doutor. E três pequenos.

[91]

— Agora é tarde, João. E os porquinhos?

— Estou engordando.

— Algum capado?

— Tem um. É para o doutor.

— Ela está esperando. Cuidado, João. Nada de vinho com a Zezé.

— Tudo é trabalho do hominho. Ganho com o suor do hominho.

— Depois não se arrependa, João.

— E agora ela quer dividir. Isso é justo, doutor?

A Longa Noite de Natal

Cinco da manhã, babando de bêbado, bate na porta do amigo:

— Esta noite nunca mais...

Perdido de casa, sem dinheiro para o táxi, fugitivo do último inferninho: a catinga de cadela molhada.

— Tua mulher telefonou três vezes.

— Ai de mim.

— Deu parte à polícia.

— Só não me conte!

O amigo, que dormia vestido, cede o lugar no sofá da sala, obrigado a deitar no quarto com a sua corruíra nanica.

Meio-dia, Laurinho braceja no abismo de areia movediça. Uivo lancinante, suor frio na testa, abre meio olho:

— Que sorte. Não é o Hotel Carioca!

O fel espumante no canto da boca, gemendo, volta-se no estreito sofá. Nos seus braços, graças a Deus, nem uma bailarina nua. Tateia no tapete, põe o óculo, espia no pulso: Que é do relógio?

Ruídos furtivos pela casa, fecha depressa o olho — na fonte azeda das entranhas floresce o lírio vermelho da azia. Insinua-se no banheiro e, sem baixar a cabeça — antes o torcicolo que a língua saburrosa do remorso —, agarra o copo cheio na prateleira de vidro. Só no último gole sente o podre de água choca.

— Ai, mãezinha do céu!

Ali, na cesta a seus pés, a rosa amarela que murchou no copo.

Ao sair, dá com a mesa posta: dois pratos na toalha imaculada. Entende o recado da corruíra e raspa-se de fininho.

Do fulgurante espelho do elevador o mergulho no fundo negro do poço:

— Mudaria o Natal ou mudei eu?

Sob o dominó de cetim escarlate guarnecido de arminho, apenas em camiseta e cueca. No alucinante striptease da meia-noite, a quem atirou a calça, a camisa, as luvas brancas de algodão? Onde perdeu o longo cajado que o amparava rumo de Belém? O precioso barrete de pompom em que cabeça sangrenta enfeita a bandeja de Salomé?

Na adoração das nascidas rainhas da noite aberto o saco de presentes e distribuídos seus tesouros. Os três magos num só, em busca da estrela do Oriente, a quem ofertou o reloginho de pulso? Todo o ouro para a gorda do Tiki Bar? A mirra para a que era o palácio dos prazeres? O incenso para a Ritinha dos quatro mosqueteiros?

Ó falso profeta de fantasia enxovalhada, ali na mão esquerda a máscara de barba branca que, ano passado, incendiou o terror na alma das filhas. Era ele Raquel chorando as suas meninas que já não existem? Ao longe o tropel dos guardas do rei e os gritos da matança dos inocentes.

Além do trono perdido e da dorzinha de cabeça, a maldita bota apertada. Na porta o estrépito das rodas de fogo do sol. Capengando, entre sorrisos dos fariseus, esconde-se no primeiro táxi.

Já na esquina de casa, anunciando o fim do seu reino, lamentação, choro, vozes aflitas no peito.

Surpreendido pela vizinha na janela, puxando da perna e assobiando — ó Papai Noel do meio-dia —, enfia-se ligeiro na cozinha.

Manso e humilde, pede que a criada pague o táxi (esquecida no banco a famosa máscara). Mão trêmula, alcança a garrafa de água gelada, bebe no gargalo, um filete escorrendo pelo queixo no peito nu.

— Oh, não, meu Deus.

Sobre a geladeira as duas garrafas do champanha preferido.

— Querida. O champanha para gelar. Toda nua no vestido vermelho. Esta noite você e eu... Que não se arrepende!

Ao maior tarado da cidade ela seria apresentada. Nove da noite em ponto quando telefonou do primeiro bar. Se pudesse ao menos lembrar... Melhor não.

Aos trancos e barrancos na fuga para o Egito com o anjo torto do Senhor.

Na boca os mil beijos da paixão, sabendo uns a amendoim torrado, outros a batatinha frita.

No ouvido a flauta doce da lingüinha titilante e o chorrilho de meigos palavrões.

No olho o clarão de coxas fosforescentes e lombinhos corcoveantes.

Guiando os seus passos a vaga estrela do pastor. Ora sumida no vale das sombras de seios pares e ímpares. Ora resplandecendo na testinha da bailarina ruiva.

Caminho do banheiro, arrasta-se na sala. A mesa enfeitada com nozes, frutas, castanhas. E, intocado, o glorioso peru no recheio de ameixa preta.

Debaixo do pinheirinho prateado o eterno presépio. No tapete a pilha de pacotes coloridos, ainda fechados.

E, trancando o corredor, a grande mala negra.

Essa não. Tudo outra vez? Nunca a mulher aprenderia?

Já proibido o santuário do banheiro — sarça ardente no olho, está diante dele a heroína, a mártir, a santíssima.

— São horas de chegar!

Duas vezes imponente, além do vestido vermelho, a cabeleira tingida de loiro. São Jorge no fogoso cavalo branco investe para banhar-se no sangue do mísero dragão.

— Onde é que o senhor esteve?

Logo atrás, multidão ululante dos soldados de Herodes, a sogra furiosa de espada em punho.

Ó cordeiro inocente, escolhido para o sacrifício, suspira fundo. Entrega o pescoço ao carrasco e abate-se na poltrona:

— Sou um desgraçado. Triste de mim. O que aconteceu...

Mão no rosto, a manga de arminho rasgada e imunda, soluça mais alto:

— Ai, se você... soubesse. Ai, ai... Meu Jesus... Cristinho.

A Trombeta do Anjo Vingador

Ao sentar-se, com o peso da barriga, cuidado não virar para trás. A fim de segurá-la, as mãos cruzadas na larga cinta de ilhoses prateados. Balançando o corpo, de pezinho no ar.

— Como vão as meninas, seu João?

As perninhas curtas e grossas bem abertas. Quis cruzar uma delas — não obedeceu. Tentou com as duas mãos — e não conseguiu. Bufando, enfim se conformou.

— Um nadinha gordo. Abuso de guloso.

Dentinhos pequenos, falhos, aqui e ali o brilho de ouro.

— Isso é luxo, seu João.

Sem sossego remexe-se no sofá — seria mal secreto?

— Então as meninas?

— Da última o doutor não acredita — a risadinha sacode a barriga. — Tantos aninhos.

Seduzida pelo filho da vizinha, casar não podiam. O juiz ameaçou com o reformatório. Os pequenos fugiram. Cinco dias, ele a abandonava, que voltou para a mãe viúva. E o velhinho já de olho.

— Sem paciência o doutor nada consegue.

A menina está perdida, ele disse para a tia. Ele queria a menina.

— E dinheirinho vivo.

De relance para a porta fechada:

— A velha pensa que cuido de negócio.

Piscou o olhinho vermelho de aflição.

— Eu cerco as franguinhas.

Através da tia, o acordo com a mãe. Saiu com a menina no táxi do chofer conhecido. Foi a três hotéis. Pediam a identificação, ele dava. A menina à espera lá fora. O porteiro ia olhar:

— Essa não pode.

O chapéu de banda, mandava tocar para outro hotel. Afinal o chofer indicou a gorda cafetina do Xaxim.

— É famosa na cidade. O doutor conhece.

Fechou a porta e deixou nuazinha a menina.

— Ainda não tem peito. É um risco — igual a esse aqui.

Girou o dedinho na borda do copo cheio de canetas.

— Me sentei na cama assim.

O óculo embaçou. Uma veia disparava na testa. O coração batia as horas na garganta.

— Ela veio se chegando. Pedi um beijo. Ela não deu. E cobriu o rostinho com as mãos.

Se não desse o beijo ele não pagava.

— Eu conto para tua mãe.

Uma asinha de borboleta roçou na bochecha.

— Bem aqui. Por que será, doutor? Não quer beijar na boca?

— É próprio de gente simples.

— Se for... nojo de velho?

— Qual nada, seu João.

Rechonchudo, peninha no chapéu, pezinho gorducho — caneca florida de duas asas com a inscrição *Felicidade.*

— Quantas vezes o senhor...

Tão interessado, a mão em concha na orelha peluda.

— ...foi com ela?

Exibiu as palmas rosadas (no dorso oculto as manchas dos últimos dias), dobrando um dedo, dois, três...

— Sete?!

Segurou a barriguinha e sacudiu-se deliciado. Com o balanço, por um triz rolou de costas.

— É morena?

— Bem branquinha. Nem uma pinta.

— Como a outra? Do espelho no sofá?

— Mais limpinha, doutor. Por mim com ela eu fico. Não fosse a viúva: *Tudo certo, seu João. Se desgraçar a minha filha, eu quero doze milhões.* Daí me arrepiei.

— Fez muito bem, seu João.

— O que acontece, doutor? Se a polícia entra no quarto. Me pega com a menina?

— O senhor é preso.

Com essa o velhinho não contava.

— Será, doutor? Ela já perdida, não é?

— Sempre é menor. O senhor se cuide.

Assustado, ainda incrédulo:

— Só reino de tarde. Não posso me enfeitar, que a bruxa: *Onde é que vai, tão faceiro?* De noite nem comprar jornal.

E o riso de safadinho, a cabeça para trás.

— O que vale é dinheirinho vivo.

Pagou a tia. Agora a mãe. A menina. O táxi. O quarto da cafetina.

— De miudinha o que de sapeca.

— Nada de excesso, hein, seu João?

— O sargento, eu lhe contei, ficou imprestável.

Lá fora a sétima trombeta anuncia o anjo vingador.

— A uma tetéia quem resiste, doutor?

Já esquecido da unha encravada e do pé frio. Das cataratas no olho. Da hérnia estrangulada. Das mil pulgas da insônia. Da pressão alta o sangue pelo nariz. Da náusea das meninas pelo velho, além de gordo. Da tonteira ao se abaixar para o chinelo. Do maldito boné xadrez, da manta de lã, da cadeira de inválido à sua espera.

— Já provou a cápsula de sete misturas? Uma de manhã, outra à tarde. Com a terceira é tiro na certa. Só uma dorzinha enjoada na nuca.

Um por um estralou os dedinhos roliços. O chapéu meio de lado disfarça o cabelinho branco. No espelho exibiu o narigão rubicundo, a língua azul, o canino de ouro.

— Não me fez bem. O bolo de chocolate. Comi inteirinho. *Depois vá gemer debaixo da pitangueira*, me praguejou a velha. Será que mistura vidro moído?

— Não facilite, seu João.

— Sou guloso, doutor. O que posso fazer? Sei que morro com a franguinha nos braços.

O Despertar do Boêmio

Cinco da manhã, rola cambaleante do táxi.

— Cuidado, doutor.

Em tempo agarra-se ao portão. Respira fundo. Sem dobrar a cabeça, agachado, corre o ferrolho — depois das cinco os ladrões não dormem?

Diante da porta, perplexo: outra vez esquecida a chave. Três toques de leve na campainha. Ao dim-dom responde no chorão a primeira corruíra. Bate na janela do quarto das crianças — nada. Quando acordam, a mulher já não dorme (se um dos dois não deve dormir, que seja ela).

— Mãe, abra a porta. O pai chegou. Brinca de esconder, pai?

No edifício vizinho os quarenta olhos negros de vidro.

— Ai, estou exausto... — e um pequeno soluço.

Espiando dos lados, insinua na fresta o cartão de crédito. Fácil espirra o pino. Devagarinho rangem as folhas.

— Diabo. Nem azeitar ela pode. Tudo eu? Sempre eu?

Ganha impulso, senta-se na soleira.

— Sem mim, que seria desta casa?

Cai de pé no tapete.

— Bonito, hein? Chegou tarde. Pulou a janela.

Revelha queixa de toda manhã:

— Os vizinhos bem se divertem. Tua fama é...

Com ele os miasmas alucinógenos de bebida, cigarro, cadela molhada. Livra-se do paletó, desvia no escuro a mesa e duas cadeiras.

— Ai que merda.

O maldito tacho pendurado no caminho. Esgrime com a folhagem e, no seu rastro, além de um sapato, folhinhas rasgadas de samambaia.

Acende a luz do escritório. Pisoteia a calça no tapete. Encosta-se no batente e, olhinho mortiço de gozo, esfrega docemente as costas. Melhor que bebida e mulher, coça-se de pé contra o batente.

— Poxa, tão cansado... Essa Ritinha me acaba.

[106]

Em vão sacode o trinco, fechada a porta do quarto. Inútil bater, discussão transferida para o dia seguinte é meia discussão ganha.

— Um frangalho humano.

Busca no espelho a triste figura e vê, com admiração sempre renovada, o lírico e maldito rei da noite, maior tarado da cidade, último vampiro de Curitiba. Arrastando-se até a radiola, esquecido da mulher que assobia pelo nariz no outro lado da parede, escolhe um disco de Gardel. Abate-se no sofá e, ouvindo o dia em que me queiras, com a Ritinha no apartamento 43 do Hotel Carioca.

Dorme? Sonha talvez? Não, morre dos mil uísques nos sete inferninhos, os mil e um beijos das bailarinas nuas, rematados pelo divino frango à passarinho no Bar Palácio.

— Salta uma banana ao rum para o doutor.

Entre as rainhas da noite quem de relance na janela do táxi? A própria mulher — a mártir, a heroína, a santíssima — que nos braços de outro se registra no hotel. Ele, aos urros na porta, quer matar... O sonho se desvanece ao mudar de posição no estreito sofá.

Língua de fogo titila na orelha, unhas douradas arrepiam a nuca e, ao morder um dedinho roliço, o eterno gosto de amendoim torrado ou batatinha frita. De súbito, em cueca e meia preta, plena Praça Tiradentes, às cinco da tarde:

— O meu sapato? Onde o meu sapato de pelica?

À procura do sapato perdido na famosa viagem ao fim da noite.

Uma cortina que se abre ruidosamente rasga o sonho de alto a baixo — a mulher inicia os trabalhos do novo dia. Atrás dela a trinca de trombadinhas.

— Mãe, lá no escritório. O pai dormindo. De cueca.

Só de farra, a menor sobe nas suas costas e, enroscada feito um macaquinho, tira uma soneca. O zéfiro quente na orelha, ele volta a dormir, nem percebe quando a ingrata o abandona pela mamadeira.

Mais tarde a cócega de seis olhinhos peganhentos:

— O pai está de cueca.

Repete a menor:

— ...de c'eca... ve'melha...

Meia bunda de fora era triste espetáculo — ainda se fosse bonita.

— Por que de cueca, pai?

[108]

E a terceira:

— Olhe o desenho, pai.

Bate-lhe no rosto com o pesado jornal.

— Fora daqui, sua pestinha.

Pronto a advogada das órfãs e viúvas:

— Credo. Não fale assim. A coitadinha quer agradar. E você sai com essa.

Gemendo, coça a barriga:

— Filhinha, um copo d'água. Bem gelada.

— Nossa, pai. Cheiro ruim de boca.

Beberica no caminho, chega só com a metade.

— Vá buscar mais. Tomou tudo, sua diabi...

A distância o bruaá no maior volume do disco fora de rotação:

— Quebra a garrafa. Pare de mexer. Por que não pede? Já se molhou. Não agüento mais.

Uma traz o copo derramando no tapete. A outra na cozinha:

— Mãe, o pai de cueca. O pai de...

— Chega. Me deixa louca.

Chuva furiosa de pedra e vagalhão de folha seca:

— Gordo, levante. Acorde. Vista o roupão. De cueca é uma vergonha. Não deixe a mocinha ver.

Pugilista massacrado, inseguro das pernas, olho sangrento de murros. Apanha a toalha no chão, espreme a esponja úmida nas feridas, cospe o protetor dos dentes. Enfia o roupão de seda azul com bolinha branca — lembrança da lua-de-mel.

O roteiro de baba na almofada verdosa do sofá... Com ela dorme agarradinho e encolhido — poxa, carente de afeto? Ali a odisséia de suas madrugadas boêmias. No mapa de babugem a rosa-dos-ventos indica os oito mistérios da paixão.

Depois da almofada nojenta e do sofá negro de couro nada como a frescura do lençol branquinho, o travesseiro florido e — ó delícia — o cheirinho santificado da doce mulherinha.

— Como é bom... — geme e suspira, gozoso.

Sacudido com fúria, acorda sem fôlego.

— Que foi, hein? Hein, que foi?

— Meio-dia, Gordo. Que inferno. Levante.

Ainda choraminga:

— Não é domingo?

— Trate de levantar.

Bate porta, escancara janela, repuxa cortina:

— E leve tuas filhas ao Passeio.

Boa idéia, uma cervejinha gelada, longe da araponga louca do meio-dia.

— Não agüento mais. A cozinheira já foi. Você não ajuda nada. Só quer dormir. Com você não posso contar. Só pensa em você.

Flutua em pleno azul, voga no alto-mar, acima das pequenas misérias da vida.

— Levante. E traga um frango para o almoço. Eu não vou...

Ligeiro repente de fúria:

— Que você fazia no...

Então se lembra que foi sonho — ela não estava em nenhum táxi, nenhum Hotel Carioca, com nenhum amante — e sorri tranqüilo.

— ...cozinhar. E trate de arrumar dinheiro. O da carteira eu gastei.

Ah, bandida. As últimas duas notas que salvou da eterna festa de Natal. Tateia o pulso e, ó surpresa, ali está — um relógio à procura de uma bailarina?

— Mãe, venha me limpar.

Ela troveja do quarto:

— Que inferno. Nessa idade não aprendeu a se limpar? No colégio não ensinam nada?

Mais gritos no banheiro, na sala, na cozinha — era com ele que discutia?

— Merda de casa. Nem dormir sossegado. Até no domingo.

Baixinho no travesseiro:

— Não seja nomerenta. Onde a psicologia infantil? Que tanto ralha, ó mulher?

Espicha-se na cama inteirinha dele.

— Ai, que tristeza.

Azia, outra vez? Se pedisse, quem sabe traria sal-de-fruta.

— Você levanta ou não levanta?!

Derrotado, insinua-se no banheiro. Abre a água quente. Pendura o roupão. Escova um por um os dentes.

— Maria.

— Que é agora?

— Cadê o sabonete que ganhou no aniversário?

— Não aborreça. Tem aí.

— Esse não. Quero o outro. Com que perfuma a roupa.

Um noivo toucando-se para as núpcias com o sol. Nenhuma ressaca física ou moral. A noite gloriosa no hotel. É domingo. E, além do mais, na força do homem — a Vênus de Botticelli emergindo nuazinha das ondas. Qual Vênus, não é o próprio Hércules? O grande Mister Curitiba?

Domingo o dia inteiro, dispensado de fazer a barba.

— Como é, Maria? Vem o sabonete ou não?

Ei-la na porta e, divertida com o seu capricho, sorri. Ah, doce querida, ela sorri.

— Vem cá.

— O quê?

— Me alcance a toalha.

Agarrada pelo braço.

— Que tanto...

Puxa-a para dentro, fecha a porta.

— Os dois debaixo do chuveiro...

— Eu não entro!

Tristinho repara na cabeleira florida.

— Não sabe o que perde.

Penteada no chuveiro não.

— Então vem cá. Vamos conversar. Sente aqui.

— Olhe só...

— É sempre seu.

— ...o jeito dele.

— Veja como é quentinho. Fale com ele. Diga alguma coisa. Que gosta dele.

— Depressa. As meninas...

— Converse com ele. Diga o que você quer. Mostre para ele.

— ...já batem na porta.

— Faça o que gosta com ele.

— Só não me despenteie. O que você quer? Hein, hein?

— Dele não tem pena?

— Invente moda. Que elas estão aí.

— Fale com ele.

— E onde esteve ontem? Entrou pela janela, hein? Seu malandro.

Mas não está com raiva.

— Depois eu conto. Agora vem cá. Ponha as mãos ali. Assim.

— Você é louco.

— Agora faça como eu. Assim. Erga um pouco.

— Ai, Nossa. Deixei o forno ligado! O pudim... de leite...

— Pode quei...

Berros e murros na porta:

— Pronto, pai? Mãe, o que está fazendo aí?

— Bem que eu disse...

— Vão brincar no carro. O pai já vai.

Em quinze minutos perfumoso e garrido. As filhas no vestidinho branco de musselina, trancinha azul, sapatinho de verniz.

— Não esqueça o frango. Com farofa.

A menina corre aos gritos e volta com a nota maior — para a mulher só restou uma bem pequena!

No Passeio Público vão direto ao bar — os quatro mais que enjoados de ver macaquinho. Cada um sabe o que quer: laranjada para elas, a mãe proíbe, que faz mal. Para ele o enorme copo de água-tônica com gelo e limão.

— Do que está rindo, pai?

No óculo escuro visões de batalhas heróicas.

— Bobice do pai.

Empanturradas do algodão-de-açúcar, bolinho de bacalhau, cocadas branca, rosa e preta:

— Vamos embora, pai?

De repente esfomeado. Compra o frango, sem farofa de que não gosta.

Na toalha engomada de linho as iguarias de domingo: macarrão, salada com maionese, pudim de leite.

— Quem trinchou o frango?

Bem quieta, a grande culpada.

— Este pedaço que nome tem?

Três vezes repete o macarrão.

— Prove o pudim. Eu que fiz.

Ele a olha:

— O açúcar queimou.

Ela ri:

— Está gostoso.

Saciado, abre os braços e boceja. Ela mais que pronta:

— Que tal uma volta de carro?

— Essa não. Que mania de sair.

— Então eu vou. Com minhas filhas.

Lá se foram as quatro muito ofendidas para a casa da sogra.

A radiola ligada no dia em que me queiras. Ele se refestela na poltrona. Não tivesse tanta preguiça, enxugava mais uma cervejinha. No olhinho bem aberto clarões de punhais e garrafadas no apartamento 43.

[116]

Galinha Pinicando na Cabeça

Provo, sargento, homem bom sou eu. Ao vício não sou dado. Bêbado em casa nunca cheguei. Nem uma vez bati na mulher. De um ano para cá brigamos de boca. Imagine, sargento, não me deixa encostar. Melindrosa depois de velha. A cama quer apartar.

— Se apartar a cama, eu disse, tem que mudar de casa.

Não quer que passe a mão. O marido já não pode? Passar a mão, santo Deus? Na própria mulher?

Domingo inteirinho choveu. A filha mais pequena com o fôlego atacado. No galpão do compadre, de brincadeira, uma festinha. Por força a velha queria ir.

— Mulher, vai deixar a criança? Aqui gemendo ao pé do fogão?

Largou a menina jururu no banquinho da lenha. Foi dançar — e dançou muito. Cuidando quem ficou da pobre? Pai desalmado não sou. Na boca da noite ela voltou, toda bonita e enfeitada.

De noite em voz baixa a discussão:

— Se não quer mais prosa comigo...

Olhinho trêmulo, machucou o chapéu na mão calejada.

— ...temos que separar.

— Por mim — ela disse — não quero outra vida.

Me segurei para não surrar. Isso é resposta? Sei que a lei não manda o marido bater na mulher. Então baixei a mão.

De um ano que a mulher põe aquela calça curta. Por cima uma calça comprida bem grossa. E cruza as pernas. Com toda a força. O sargento sabe que assim não dá. Se não bastasse, trouxe a caçula para dormir no meio.

Cinqüenta anos eu tenho, sargento, ela mais de quarenta. Estou na força do homem. No corte de lenha filho nenhum pode comigo. Trabalho de camarada. Faço roçado e carpida. Como no dia que ganho. Dia de chuva é de fome (a unha preta do polegar coçou a barbicha rala).

De noite a gente quer se chegar. Mulher não é para isso? O calorzinho gostoso. Toda a alegria do pobre.

Mãezinha do céu, por que ela não deixa? São oito filhos, o que é mais um? Se Deus manda eu aceito. Seis anos que ela não tem. Será que toma garrafada?

Com o sargento vim me aconselhar. O que o sargento disser eu faço. A velha quer sair de casa. E a advogada disse que tem o direito. Sou obrigado a dar metade de tudo.

Da lei não entendo. Sei que a filha casada é a meu favor. Se o sargento quiser eu trago aqui.

— A mãe — ela quem diz — é a maior das traidoras.

Desculpe, sargento, eu ia contando. De noite, ela dormia com as duas calças, afastei a menina para o canto. E peguei uma tesoura.

— ...

Cortei de mansinho. Primeiro a calça bem grossa. Depois a calcinha de baixo.

— ...

Ela acordou, se viu sem defesa, obrigou-se a deixar.

— ...

Satisfeito, fui assobiando para a roça. E ela para a delegacia. O sargento mandou me chamar. Antes falei com o inspetor de quarteirão.

— Se o sargento duvidar — ele me disse — você tem o meu voto.

Sei da intriga que a bandida fez. Eu queria matar com a tesoura. Se ela não deixasse, Deus me livre, eu enterrava na barriga... Com a intimação do sargento, chegou toda soberba. Apartou a cama. E apartou a bóia. As meninas que me acodem. Bolinho de feijão. Domingo um naco de torresmo. Café preto eu mesmo faço.

Para se defender dorme com dois filhos, um de cada lado. Se fosse a de cinco não fazia mal. Mas o de doze... Já pega rente comigo na enxada.

— Melhor você largue dela — disse o inspetor, que entende da lei. — Separe a tralha.

Que são duas panelas, meia dúzia de pratos.

— Desmanche o ranchinho. E dê a metade para ela.

Sou pobre, sargento, mas brioso. Então falei:

— Você oito dias eu respeitei. Ainda não basta?

Nono dia o sargento deixou? Nem ela. Essa traidora, depois de velha, não me quer na cama. Sou cachorro sem dono na chuva?

Se os pais discutem, o filho perece. Já que ela não quer, separamos a tralha, o ranchinho. Metade dos meninos para cada um. Que ela não cuide da minha roupa. Mal requente o viradinho. Tudo eu aceito. Que estraguei a calça nova? Atorei um nadinha. Não faz mal: dou outra. Só tem uma coisa, eu disse.

— Uma coisa que são duas. Me obedecer de noite. E não me atropelar de casa.

Desde que ela aceite, sargento, eu fico. Quando se pinta, a velha, até bonitinha. Só quero os meus direitos. Estou na força do homem. O sargento conhece minha precisão. Noite inteira uma galinha pinicando na cabeça.

— Se ela não quer...

— ...

— ...eu arrumo outra.

Exibiu os únicos dois caninos amarelos.

— Outra mais moça.

O Sentimento

— Então, nhá Maria, que aconteceu?

João de pé, a mão na cadeira. Ela sentada, boquinha pintada em coração. No joelho, a caçula de cinco anos, olhinho arregalado.

— Eu tenho um sentimento.

— É certo o que ele se queixa? A senhora de noite não quer?

— Ele está fracão, sargento. Quer que eu deixe forte.

— Não minta, mulher.

— E a história das duas calças?

— Nem todo dia a gente está boa. Sabe o que ele fez? Picou todinha com a tesoura. De ciúme não quer que use calça comprida. Olhe a minha perna, sargento.

Debaixo do vestidinho o cascão escuro de sol.

— Essa aí deixa o arroz em cima do fogão. E vai tomar mate com a irmã.

[123]

— Não se pode mais prosear? Ele volta da roça, meio bêbado, me toca de casa. Manda eu ir com outro. Quando esperava esse anjinho...

De tanto tossir a menina perdia o fôlego.

— ...me deu um soco na barriga.

— Ah, é? Conte do baile para o sargento.

— Se alguém convida, a gente não nega. É festinha de domingo.

— Um casal de velhos, dona Maria. Com oito filhos. Discutindo por bobagem.

— A idéia do sargento só tenho a gabar. Na mesma casa, cada um no seu canto. Desmanchar o ranchinho eu não quero. Sabe o que disse? Que era uma vagabunda. Batia perna à toa.

— Chega, mulher. Não me respeita?

— Ele está fracão, sargento. Começa a bater na gente para ficar forte. Só judiando de mim ele consegue.

— Passar a mão não é bater, seu João.

— Agora eu sei o que é a lei, sargento.

— Em negócio de boca não me fio. Quero um papel do sargento. Bem capaz, esse aí, de arruinar o trato.

— Termo de bem-viver? Não carece, dona Maria.

— Ele faz muito estropício. Onde cuspo eu não lambo. Esse aí, não. Se abaixa e come do chão.

— Agora podem ir. Cuidar dos filhos.

— O sentimento eu guardo.

— Sentimento a gente perdoa, não é, sargento?

E o pobre ostentou os dois caninos solitários. Dona Maria acudiu:

— O meu está no coração. Eu morro com ele.

Mais um safanão na menina:

— Dê louvado para o sargento.

Mão posta, unhinha preta, tossindo.

— Deus te abençoe, minha filha.

Seu João É um Velho Sujo

— Por onde andou?

— Reinando por aí. Mal dormi esta noite.

— Sente, seu João.

Em vez de sentar-se, deu volta à mesa. Apertou-lhe o braço nos grossos dedos curtos:

— São vinte anos que não durmo. Diga uma coisa, doutor.

Aposto que o ronco do velhinho perturba o sono dos pardais na laranjeira do quintal.

— Que é, seu João?

— Procuração caduca?

— Qual é o caso? Depende.

Como ele não se sentava, o doutor ficou de pé, uma cabeça maior.

— Fiz um negócio. Marido e mulher assinaram. O escrivão doente, a escritura não foi passada. Um amigo me preveniu: Procuração vence em trinta dias.

— Bobagem, seu João. Tenha paciência. Ela não caduca.

— Lei nova não será?

— Confie em mim.

O doutor acendeu cigarrinho.

— Só há um risco.

— Já sei.

— Qual é?

— Um dos dois morrer.

— Seu João é mais advogado que eu. Sabe tudo.

— E o recibo, doutor? O homem escreveu dos dois lados. Será que vale?

— Decerto.

— Ai, doutor. Dou graças. Quase não dormi esta noite.

Inquieto, saltitou para o outro lado da mesa.

— Como é aquela moça? Que está na sala.

— Que moça?

— Ora, doutor. Pulou nela?

— Só uma cliente. Sempre com a mãe. Falar nisso, e as meninas?

Alisou a pastinha branca na testa.

— O farmacêutico da esquina me acode. Ontem estive lá. Me vendeu duas cápsulas. Já fui avisando: Não quero a que dá dor de cabeça. De noite senti a resposta.

— E as frangas, hein, seu João?

— Se eu contar, o doutor não acredita.

Baixou a voz, abriu os dedos gorduchos.

— Tantos aninhos.

— Como é que arranjou?

A famosa risadinha de canalha:

— Ora essa, cafetina.

Sacudindo-se agitou perigosamente a barriguinha.

— Me custou duas notas.

— Bonita?

— Capaz de acordar um morto.

— Morena?

— Branca. Vê lá se gosto de escurinha. Desfrutada pelo padrinho.

— Como foi?

— Os dois de táxi. Não pouca despesa. Fomos a cinco pensões. Eu descia para tratar. A dona olhava pela janela: *O senhor me desculpe. Não pode ser.* Me socorreu a velha do Xaxim. O táxi esperando na porta. O quartinho escondido nos fundos.

— Olhe que chega a polícia.

— A polícia bate, bate, bate.

— ...

— E não tem ninguém!

— ...

— Depois que entro, o guarda-roupa esconde a porta.

— E para sair?

— O doutor (tam) avisa (tam, tam, tam) assim (tam, tam). E a velha afasta o armário.

— A cápsula funcionou?

— Só não gostei da colcha vermelha.

— Por causa da cor?

— Primeira coisa é pinchar no chão.

— Por que, seu João?

— Pinica. A gente leva uma penugem para casa. Se a velha descobre, já pensou?

— E a menina?

— Tirei o vestido. Deixo só de calcinha e aquela peça... Como se diz?

— Sutiã?

— Isso mesmo. Mais excitante com ela. Daí a vez da franguinha. Tem que me atiçar.

[130]

Careta desconsolada, dobrou para baixo o polegar de unha preta.

— E o peitinho?

— Um deles está mole. Tanto que chupei.

Protetor, bateu-lhe no ombro.

— Quero ver o doutor na minha idade.

No meio do riso prendeu com dois dedos a dentadura inferior. Em cima cacos de dente, um douradinho.

— Deu certo?

— Essa diabinha? Levanta um defunto do caixão.

— Por que não me apresenta, seu João?

Outra vez firmou a dentadura indócil.

— Ela não vem.

— Quer tudo, não é, para o senhor?

— Duas notas a primeira vez. Na outra só uma. Nuazinha é uma imagem. Fiquei de joelho e mão posta.

De repente o olhinho perdido.

— Entrei na escola com seis anos e meio. Minha professora chamava-se Cotinha. E o marido dela... Como é o nome? Do coisa?

Dois piparotes na testinha imprestável.

— Me foge o nome. O doutor sabe. Aos doze já lidava na carrocinha. Quando passava, as meninas suspiravam no portão: *Lá vai o Joãozinho.* Sempre fui bem-parecido, doutor.

— Ainda é, seu João.

Todo baixinho quer provar que não é. Na sua casa de brinquedo, os móveis em miniatura, é o próprio Gulliver. Da anãzinha se vangloria de rebentar as trompas.

— Minha velha, o doutor não acredita, era um cromo antigo de folhinha. Já viu uma canarinha amarela se arrepiando na tigela branca de água? Eu me encantei. Passava a galope estalando o chicotinho. *Olhe lá o João* — e da janela me atirava beijo.

Dois dedos rosados ao alcance da dentadura.

— Quebrei um dente. Só na papinha. Me dá fraqueza. Gosto é de carne.

Sem perder o sorriso:

— Carne branca, não é, doutor? Como ia falando. Ela me arreta. Daí tiro a calcinha. Só puxar o elástico.

Fez o gesto com a mãozinha trêmula.

— Guardo de lembrança.

Do bolso interno do paletó exibiu a pecinha rósea de renda.

— Basta pegar, bem louquinho.

O gogó aos pulos, engoliu em seco.

— Eu fico por baixo.

Cuidado que a funda escapa e a hérnia estrangula.

— Se morrer nessa hora nem ligo.

Abotoou o paletó apertado. No cocuruto o chapéu de peninha azul.

— Velho não tem direito, doutor?

— Decerto, seu João.

O velho sujo também tem sentimento.

A Pombinha e o Dragão Vermelho

De joelho e mãozinha posta:

— Volte, Maria. Venha comigo.

Ela, impassível.

— Promete não beber?

— Juro por Deus. Então fique, Maria.

— Vou pensar.

— Sei que você volta. Vá buscar tua trouxinha.

— Mais tarde.

— Mato um leitãozinho. Só para os dois.

Quem disse que ela voltou? Dia seguinte, João em desespero.

— Me ajude, André. Ela não vem. Alguém a atiçou contra mim.

Foram ao ranchinho. Ela toda pintada, fita vermelha no cabelo.

— Resolvi não voltar.

[135]

Aos pulinhos de indignação:

— Viu, André...

— Quero te dar uma lição.

— ... o que ela disse?

De costas, soberba, risinho de desprezo.

— E o capadinho lá no forno? O virado, a couve, o torresmo! Não vai querer?

— Nunca me deu um vintém furado.

Tão sovina, o garnisé velho, esconde na moela o saquinho de dinheiro.

— E a chacrinha, meu bem?

— Nada de meu bem. É só banhado. Só cria sapo.

— Maria, você é uma traidora.

— Gastadeira nunca fui. E você? Com a filha do compadre Carlito?

— Se você me perdoa... tão arrependido...

— Bem que avisei: Chega de beber, João.

— ... beijo o teu pé.

Pronto para arrumar a mão e cair de joelho.

— Querida, tão desgraçado por tudo o que fiz. Venha comigo, sinto muita falta. Maria, não dormi nada. Não jantei ontem, nem tomei café hoje. Prometo a você, e se preciso juro perante o juiz, de agora em diante muito bom marido. Trabalho sem descanso, faço o que você quiser. Maria, eu sofro demais. Quero que fale comigo e me atenda. De arrependido passei chorando a noite toda. Você não carece lidar como antes. Trabalho sozinho e dou tudo o que quiser. Só quero você e que não me abandone. Não sou ninguém sem você. Estou sozinho, sem você nada tem graça. Se for preciso beijar o teu pé eu beijo. Não deixo que levante uma pena do chão. Agora eu vi como estava errado. Minha pombinha pode até comer da minha mão. Venha comigo, fui bastante judiado. Você vem, meu amor?

Ela sempre de costas.

— Maria, que eu conheci criança. Maria, que eu embalei no colo. Maria do meu coração.

— Deixe disso, Janjão.

— Quando ficou doente...

— Já vai alegar?

— ... quem te dava banho?

— Outra vez?

— Se não vem, Maria, deixa eu...

Guardada pelas verdes asas do dragão na parede.

— ... dormir com você?

Fez biquinho, estalou a língua, tão pouco caso.

— Ah, é? Ah, é?

Maria arregalou os grandes olhos putais. Não é que ele já de pistolinha na mão?

— Me acuda, Nossa Senhora. Me salve.

Ferido nos brios. Bem capaz de dar um tirinho. André agarrou-o por trás, suspendeu nos braços e levou, esperneando, para o carro.

— Me largue. Que eu sangro.

Ela o xingava da porta:

— Bandido. Quase me matou. Arreda, fora, rua!

Abrindo a blusa em desafio.

— Atire, covarde. Atire em peito de mulher!

André arrancou-lhe a pistolinha:

— Sente aí no carro. Não me levante daí.

Livrou-o do punhalzinho na cinta.

— Não estou para brincadeira.

João só resmungava, a carinha molhada, o mais pequeno dos colibris.

— Ela tem parceiro. Agora eu sei. Viu o que ela disse?

Sem roupa era um lixo: sarda, pinta preta, seio murcho, duas covas na bundinha baixa.

[138]

— O lombinho dourado. A couve mais o torresmo... Tudo perdido.

Um lixo, que era o seu amor.

— André, me conte. Se é meu amigo. Ele quem é?

O parceiro, que havia comido o porquinho e desfrutado a mulher, deixou-o em casa, sem o chapéu, a pistolinha, o punhal.

Depois de tanto pensar ele moeu pó de vidro e mastigou duas colheres cheias, empurrando-o com bocados de banana e laranja, por sinal azeda.

Nada acontecia, amarrou uma corda na viga da cozinha. Antes de subir na cadeira, deixou entre cascas de fruta o seguinte bilhete:

Me matei por amor. Eu quero a Maria, ela não me quer. Engoli três colheres de vidro moído, mas não fez efeito. Então me enforquei.

Só te peço, Maria, a calcinha de florinha azul no meu caixão.

Com ódio, o último beijo — João.

Dores e Gritos

— Estou desesperada, Zezé. Amanhã o João vai embora. Por que tive pena daquela mocinha? E recolhi lá em casa? Grávida de cinco meses. Tudo eu arranjei. Um casal de velhos levou a criança. E eu, boba, deixei que a mãe ficasse.

— É bonitinha?

— Pudera, vinte anos. Cega — só pode ser feitiço —, nem desconfiei. Dos presentes de calcinha e sutiã. Sem roupa, a coitada. Até uma sombrinha azul ele comprou — mais vistosa que a minha. Bem sabe que eu e o João... Quer mulher? Lá na rua ele pode. Quer um filho de outra? Faça, que eu crio.

— Que houve com a mocinha?

— Uma noite eu vi que ele não estava na cama. Dois meses atrás. Levantei e fui até o quarto dela. Peguei os dois no ato. Bem quietinhos. Ele por cima. Muito bonito, hein? Sua grande cadela.

— Que a senhora fez?

— Na hora fiquei meio boba. Só repeti: Bonito, hein? Eu bem que... Voltei chorando para o quarto.

— É uma santa, dona Maria.

— Dia seguinte, ele foi para o emprego, eu toquei a moça de casa. Achei que era demais.

— Fez muito bem.

— Esqueceu na pressa uma calcinha de flores. Está guardada até hoje. Não dizer que roubei. Também é enfermeira. Noite sim, noite não, meu plantão no hospital. Sabe o que ele tem coragem? Traz a moça para nossa casa. E passam juntos a noite.

— Como a senhora descobriu?

— Não descobri. Ele que contou. Meu chinelo sempre ao lado da cama. De volta do plantão, onde ele estava? Lá na cozinha, debaixo da mesa. João, quem pôs esse chinelo aqui? *Eu que peguei.* Sei disso, não cabe no teu pé. Gritei com ódio: Respeite a minha cama. Faça o que quiser. No sofá. No chão. Só não suje a minha cama. Nem use o meu chinelo.

— Daí ele contou?

— Ele alugava uma casa maior. A mocinha ficava grávida. Uma família feliz os três, depois os quatro. De tanta surpresa, eu aceitei. Uma condição: O filho é meu, registro no meu nome. E ela: *Não, o filho é meu.*

[142]

O outro você enjeitou. *Esse eu quero — é por amor.*
Não me responda, sua bandida. Te dou um tiro! Eu
que não tenho boca para nada.

— E daí?

— Caí de joelho diante dela: Deixe o João em paz.
O que viu nele? É feio. Velho. Pobre. E a sirigaita: *Eu é
que sei.* Desgostosa, podia aceitar a proposta. Não fosse tão soberba, ela a dona da casa? Com o sapato sujo
pisava o chão branquinho. Já viu desaforo maior?
Discutimos, ele bebeu, ligou a tevê bem alto.

— E agora?

— João alugou um quarto para ela. Na mesma
rua. E uma advogada disse que ele ganha o desquite.
Só provar que não sou mulher inteira.

— ...

— Uma coisa é não poder. Outra não querer. Não
tenho razão?

— Decerto que sim.

— Não sei de quem sinto mais pena. Se de mim
ou dele. Meu sogro fosse vivo, isso não acontecia. Era
a meu favor.

— A senhora não é...

— Nasci assim. Pensei que todas como eu.

— Assim como, dona Maria?

— Nove anos perdi com esse homem. Viciado desde menino — matou a mãe de tanto beber. Roubava os elefantes de louça para vender. Sumia sem dar notícia. Dormindo em valeta.

— Como foi a lua-de-mel?

— Ele tentou tudo. Não dava certo. No começo foi delicado. Viajamos no sábado para voltar na quarta. E domingo à noite os dois em casa. O médico disse que operando eu ficava boa. E o João aceitou.

— Ai, se lhe contasse, dona Maria, o que eu... Do que um homem é capaz!

— Nunca sofri tanto. Me judiou demais. Com a dor eu gritava. Ele queria por força. Todos esses anos não me deu sossego.

— Uma grande mártir, dona Maria.

— Ele a cachaça não bebe, enxuga. Ele bebendo, eu sofrendo. Daí queria tudo. O que é proibido. Eu, ai de mim... Se reclamasse, ele me batia. O que podia fazer?

— A senhora se habituou?

— Que é isso, menina? Ainda me surra. Mas não sou boba. Trato de escapar.

— Não sei...

— É direito o marido fazer assim?

— ... o que dizer.

— À força ele conseguiu. Mais de uma vez. Sempre contra a minha vontade. Nove anos de dores e gritos. Não desejo para a pior inimiga. Falei com o sogro, ele consultou o juiz. Disse que podia anular. E quem, Zezé, não quis?

— A senhora?

— Foi o João. Se ele anulasse, minha vida era outra. Eu me conformava, era moça. Esse homem sempre foi louco por mim. Ele eu tirei da valeta. Você conheceu o velho? O maior bêbado da rua. E o filho era pior.

— Ele deixou o vício?

— Misturo droga na comida. Deixar não pode. Fica de rosto vermelho e inchado. Ainda mais atiçadinho. A droga, será? Depois de nove anos, tanto sofrimento, quer me largar sem nada. Entendo o seu drama. Agora que a operação não deu certo. Ontem fui ao médico. Disse que segunda vez é arriscado. Saí soluçando.

— Paciência, dona Maria.

— Entendo o drama do João. E o deixei livre. Outro médico me deu esperança. Filho eu sei que não posso. Me contento de ser dona inteirinha.

— Livre, o João, para quê?

— Já que não posso, eu disse. Você tem direito. Com dona da rua.

— E deixou a senhora em paz?

— Que nada, menina. Ainda ontem me rasgou toda. Era a noite de ficar em casa. Mais dores e gritos. Desmontada a cama, foi no sofá vermelho da sala.

— Esse homem não tem pena?

— Agora quer o desquite. Por força. Perdido pela mocinha. Ela vai te enganar, eu o avisei. Uma vergonha para a família. O pobre não vê que tem quarenta e ela vinte anos. Ainda mais no hospital. Enfermeira bonita os médicos não perdoam. Eu sei, menina, lá que trabalho. A noite é um convite.

— Ela não é boa moça?

— Uma vagabunda. Loirinha por cima. Ele passa o dia fora de casa. Já viu, não é? Amanhã traz o caminhão da firma. Vai me dar uma pensão. E tira tudo de casa. A tevê, nosso quarto, o grupo estofado, o jogo de fórmica.

— E o que ele deixa?

— A geladeira, que é minha. E um fogão velho. Ele pode fazer isso?

— Por mim chamava a polícia.

— E o escândalo, Zezé? Chamo a polícia, ele perde o emprego. A mocinha não quero de volta. E desquite eu não dou.

— A senhora é uma heroína.

[146]

— Com a pensão mais o hospital, devagarinho, compro tudo de novo. A mania dele é um filho. Eu queria adotar uma menina. *Um filho meu*, ele disse. *Não bastardo de outro*. Pois faça o filho, respondi. Que eu crio. Só não quero perder você.

— A senhora gosta do João?

— Bêbado, eu sinto nojo. Gosto quando é delicado. Gosto até do cheirinho da roupa. Ergui esse homem da lama. Não o salvei para outra. Pena o meu sogro ser morto. Daí não tinha coragem.

— Ele vai sentir falta.

— Não sei. De cabeça variada. Aquela é uma porca. Com ela não tem o sapato engraxado. A calça passada. O chão branquinho.

— O desquite a senhora não...

— Eu não devo. O que pode alegar? Trabalho. Cuido bem da casa. Só dele a moela, o coração, a sambiquira. Ainda acha pouco. Quer ficar com as duas. Na mesma cama.

— É a suprema desfeita.

— Na carteira dele um atestado médico. Eu sou aleijada?

— Ah, fosse comigo...

— Os vizinhos sabem da mocinha. Será que você não viu? O médico que fez mal propôs casar. Acha que ela quis? Veja se não presta. Só de cadela. Eu, triste de mim, recolhi essa maldita. Para se regalar com o meu chinelo. Na minha cama.

— A senhora chaveie a porta. Não deixe entrar.

— *Amanhã*, ele disse, *com o caminhão. Tudo eu carrego.* Já desmontou os móveis. Até a cama de casal. Arrancou a pia da parede.

— É violento?

— Furioso de paixão. Na força do homem. Mil e uma noites que não me dá descanso. Quer o que não posso. *Assim não tem graça*, ele se queixa. *Não dá para nada.* Nove anos atrás eu me cuidava sozinha. Agora velha e sofrida. Com tantas dores e gritos. Não sei o que fazer. Bem eu queria ser a companheira.

— Se a senhora fizesse... Será que não...

— Eu não? Eu fiz tudo! Até o que uma mulher da rua tem vergonha.

— Deus é grande, dona Maria.

— Mas não. O bandido quer mais. Quer as duas. Lá na mesma cama. Estou desesperada, menina. Acha que devo aceitar?

[148]

Paixão e Agonia da Cigarra

Janeiro é o menos cruel dos meses. No bar você com os amigos, sem hora nem casa para voltar.

— Esta noite nunca mais.

Dinheiro na carteira. Chave no bolso. Já não treme ao toque do telefone:

— Você não vem para casa? Nunca se cansa desse bendito bar?

A mulher com as filhas na praia. Para você as portas douradas dos sete inferninhos. Violões em procissão, vampiros de coxa fosforescente, duas línguas de fogo numa só boca. Fim de noite no Hotel Carioca.

À luz fria do corredor a minha, a tua, a nossa cara verdosa do afogado que afunda terceira vez. Onde a barba ainda cresce. Luz mais perversa para a rainha da noite: os dentes não tão brancos, o cabelo não tão loiro. A pintinha bonita é sarda, se não verruga.

[149]

Recebe a chave com a viscosa bola vermelha e os dois minúsculos sabonetes. Chegar em casa, já imaginou, o brinde no bolso: *Lembrança do Hotel Carioca?*

Ali no espelho sorri para o gordo simpático. Torta no pescoço a gravata escarlate. Pudera, seu número de stripper no inferninho, com ela amarrada na testa. Sem camisa — nem um cabelo no peito! —, exibiu-se para o distinto público o velhinho audaz do trapézio voador.

No labirinto de escadas e corredores, como achar o apartamento 43? Em cada espelho os dois se beijam de olho aberto: a boca da rainha é mãe-d'água morta. Por você todo comido o batom. Com as três mãos nas graças calipígias. Está com uma boa, hein, doutor?

Fechada a porta, os mil beijos da paixão.

— Parece louco, bem. Espere, benzinho.

Você não espera, pode ficar sóbrio, a linda princesa é um sapo adormecido? Pelo telefone ordena uísque urgente, que você nunca vê, você nunca toma, você nunca reclama.

— Credo, bem.

Nesse ela não tem comissão.

— Mais um?

Ao descer do sapatão, mais uma baixinha. Sempre maior o seio do que se anunciava na penumbra. De pé você fuça bastante no mingau de sagu com vinho e duas ameixas pretas.

— Me coce a nuca. Enfie a língua na orelha.

Se não manda, a desgracida não faz nada. Joga o paletó na untuosa poltrona verde. Apressado, não esquece de tirar o cinto da calça — a gente nunca sabe.

Não é que ela estende a calça no cabide e pendura o paletó no guarda-roupa? Meus parabéns, dona de prendas domésticas.

Você se distrai, pensa em ensaboá-la — ó delícia perdida —, já se enxugando. E, ao voltar do banheiro, ei-la deitada, o lençol até o pescoço. Mais que se cuide, você molha o cabelo. Na aflição o pé ainda úmido — cuidado com a frieira.

Essa não: por que de cueca? Vergonha de não estar o pombinho tinindo em pé? Dela a obrigação, não sua.

O momento solene de inaugurar a estátua e, mais rápida a mão que a vista, você puxa a toalha debaixo dos elefantes coloridos de louça:

— Oh, não! Mãezinha do céu. Você é a Maja Desnuda. Amor, estou cego. Me acuda!

Tanta gritaria por dois braços, duas pernas, a eterna rotina.

— Como é que você quer, hein? Hein?

De muito lidar nos dois biquinhos, com eles soltos na ponta dos dedos. Ao parafusá-los, troca um pelo outro.

— Quero tudo, sua putinha...

Com a mão ela esconde o seio, mas não o resto.

— ... a que tenho direito.

O mecânico ergue a capota, se debruça no velho motor — onde o relé? Ou é o platinado? Bom seria macacão e rolimã para deslizar da ponta do cabelo até a unha do pé.

Cada um, ela e você, regula a marcha lenta do carburador.

— É bem aqui?

Com a mesma língua do cachorrinho que bebe água.

— Mostre onde é. Com o dedinho.

Não o relé nem o platinado e sim o giclê.

Ao clamor do muezim no alto do minarete, ela se prostra na direção de Meca. Aos olhos ofuscados do profeta a lua cheia em dobro, a lagarta da seda no seu casulo, o cascão branco do rugoso calcanhar.

Dois escravos de Jó que jogam caxangá.

— Tira. Bota. Deixa ficar.

Guerreira com guerreiro fazem zigue, zigue... zá! A diferença que uma é... Ora, como direi? Mais apertadinha? Sim, mais quentinha.

Docemente os pequenos gemidos de praxe.

— Onde é que está meu...?

— Aqui na minha...

— Onde?

— No meu... Seu filho da mãe.

Já derrubava as cinco bolas na mão trêmula de pelotiqueiro.

— Agora, bem? Lá vou eu.

— Ai, ai, devagar.

— Vou te rasgar toda.

Onde os finos sentimentos, as boas maneiras, a elegância de linguagem?

— Já te arrebento, sua cadela.

Ainda se lembra, recua, admira de longe e agora de perto.

— Pisque. Pisque.

Graças a Deus, não pode beijar na boca. E tristinho contempla no tapete a cinta negra fora de alcance.

Quase um grito de fúria.

— Não com tanta força.

Outra vez gemendo, gostosa.

— Assim dói, bem.

Último arranco feroz, você estremece até a pontinha da unha no terceiro dedo do pé esquerdo.

Inconsciente rola de costas. A célebre cochiladinha de dez minutos ... Só acordaria às onze do dia seguinte.

Ela o sacode com vontade:

— Não durma, bem.

Já de terninho, o casaco no braço. Guardados na sacola mágica o longo de cetim, os trens de pistoleira e — do café da manhã — laranja, queijo, maçã, iogurte, geléia de uva.

— Tenho que ir. Moro com uma senhora. É casa de respeito.

O cafifa, isso sim, a senhora de respeito. Ela o ajuda a catar a roupa. Um sapato lá no banheiro. Uma das meias não sei como debaixo da cama. Cadê minha cueca azul? Já desesperado, você também perdido. É a buzina do táxi ou a trombeta do anjo vingador?

— Está aqui, bem. Depressa. Tanta coisa que fazer.

[154]

Primeira das quais descontar o cheque. Você o preenche de pé no espelho. Ah, não fosse a penteadeira, que seria do cheque?

— Me ajude. Não acho.

Uma abotoadura sumida. Com a escova ajeita o cabelo. Não lava o rosto, mas limpa o óculo.

Descem a escada, sem se dar as mãos. Você um pouco na frente, ela atrás. Ou ela na frente, você atrás. Esse o fim dos eternos amantes das cinco da manhã?

No táxi a despedida com um beijinho gelado:

— Vá me ver, bem.

— Ele é sempre seu.

— Apareça, hein?

Cambaleia no jardim, esquece o portão aberto — muito cansado para se abaixar. Gira a chave e recebe na cara a morrinha de casa fechada.

Os jornais intactos que se empilham desde o corredor.

Na sala os discos fora das capas.

A fedentina que o segue em todo aposento. Segundo dia você descobre a laranja podre na fruteira de vidro. Joga-a no cesto.

Terceiro dia, como ninguém o despejou, ela continua empestando a casa inteira.

Você liga a chave da luz — não há luz. Corre a cortina, ainda bem que é manhã.

Ali no balcão o velho recado — de quantos dias? — da arrumadeira: *Doutor, veja que traição. Cortaram a luz. Acendi uma vela.*

Já derretida sobre o pires na mesa nua.

Faminto abre a geladeira — vazia. A fome secular das seis da matina. Agora entende a esganação ululante das pobres rainhas chorando e rangendo os dentes no Bar do Luís.

Não tem café. Nem uma bolacha mofada. Uma única salsicha. Na despensa a lata esquecida de milho verde.

Todos os copos — até os de brinde — usados na pia. Enche na torneira o menos sujo, merda de água, podre de cloro.

No banheiro, mãos no azulejo plantadas, urina longamente. Arrepiado ao pensar no banho frio, ninguém para ligar o aquecedor, quando havia aquecedor.

Na toalha o bafio de cadela molhada.

Aberto sobre a tevê o maldito telegrama. *Favor comparecer urgente... título vencido... último aviso.*

Você o pagou? Nem eu.

Nos cinzeiros a catinga de mil pontas de cigarro.

Na parede a fileira dos retratos de família. Você gordo e risonho Papai Noel de púrpura e arminho. Você magro sinistro, um dos mil regimes, ao lado do pai falecido. Gordo de novo, o copo na mão.

Sobre a poltrona o pianinho com a perna quebrada.

Na porta do quarto das filhas — vire depressa o rosto — a bruxa negra de pano pendurada no trinco.

A cama é ninho de aranha e escorpião — cinco dias sem arrumar? —, o lençol esburacado da brasa do cigarro.

O pijama inútil na gaveta, deita-se de camisa, cueca, meia preta (uma delas ao avesso).

O monte de roupa suja ali no canto.

No guarda-roupa de porta escancarada — ó visão consoladora —, o par arrumadinho de chinelos.

Não olhe, cuidado, para o pobre chinelinho de couro — um rasgão na palmilha.

Ela que, do enxoval de noiva, já teve pantufa vermelha de pompom!

E dentro da pantufa o róseo pezinho de gueixa — só de lembrar lhe dói a faca no coração.

Ai, que falta de uma famosa tossinha, um certo pigarro.

Suave pretexto de mais uma briga:

— Que tanto fuma! Cigarro é pior que bebida.

Tão bom acordar de manhã com todas as luzes acesas.

Ai, que doçura na voz mesmo irritada:

— Levante, Gordo. Meio-dia! Já telefonaram do escritório.

No quadro de desolação, você escolhe um toco no cinzeiro. Tosse, maldita fumaça, o olhinho marejado:

— Esta cigarra com saudade da sua formiguinha.

E sonha com a formiguinha, cai da mão o cigarro, mais um buraco no tapete.

Este livro foi composto na tipografia Minion em
corpo 13/19, e impresso em papel offset $90g/m^2$
no Sistema Digital Instant Duplex da
Divisão Gráfica da Distribuidora Record.